Durlach

Spielen
Bewegen
Schwimmen

W0189826

Frank-Joachim Durlach

SPIELEN
BEWEGEN
SCHWIMMEN

Handreichungen zum Schwimmen
mit Kindern im
Vorschul- und Grundschulalter

Verlag Karl Hofmann Schorndorf

Die Deutsche Bibliothek — CIP-Einheitsaufnahme

Durlach, Frank-Joachim:
Spielen, Bewegen, Schwimmen : Handreichungen zum Schwimmen mit Kindern
im Vorschul- und Grundschulalter /
Frank-Joachim Durlach. — Schorndorf : Hofmann, 1994
ISBN 3-7780-3340-9

Bestellnummer 3340

Texterfassung und Fotos: Frank-Joachim Durlach, Ludwigsburg

Gesamtherstellung in der Hausdruckerei des Verlags
Printed in Germany · ISBN 3-7780-3340-9

Inhaltsverzeichnis

Vorwort

Der Gedanke, dieses Buch zu schreiben, entwickelte sich im Laufe der Jahre. Durch meine langjährige Tätigkeit in Schwimmvereinen mit den verschiedensten Gruppierungen und eine vierzehnjährige hauptamtliche Tätigkeit in der Lehrerfortbildung kann ich auf einen soliden Fundus zum Schwimmen zurückgreifen. Die Kolleginnen und Kollegen, die Fortbildungslehrgänge zum Schwimmen besuchten, wollten verständlicherweise begleitendes Unterrichtsmaterial, das im Laufe der Jahre immer umfangreicher und ausführlicher wurde. Für mich entstand irgendwann der Gedanke, diese Materialien so miteinander zu verarbeiten, daß, so meine Hoffnung, ein für die Praxis handhabbares Buch entsteht.

Meine eigene Schwimmbiographie, gekennzeichnet vom möglichst schnellen Lernen der Schwimmtechniken, dem Ausklammern von Spielen und Experimentieren mit und im Wasser, meine Ausbildung als Diplom-Sportlehrer und Sonderschullehrer, die Auseinandersetzung mit Psychomotorik und Motopädagogik, die praktische Tätigkeit (auch noch heute Bestandteil meines Tuns) mit nicht-behinderten, entwicklungsauffälligen, dem Wasser gegenüber ängstlichen, sowie behinderten Kindern, haben mich im Laufe der Jahre zur Auffassung gebracht, daß die Bewegungswelt Wasser viel zu schade ist, um sie nur auf "Schwimmen-lernen" im traditionellen Sinne zu beschränken.

Unterstützend hinzu kam der Bildungsplan Sport für Baden-Württemberg im Jahre 1984, dessen Intention es ist, bei Kindern im Grundschulalter der Bewegungserziehung und vielfältigen Bewegungserfahrungen, eingebunden in materiale Situationen, deutlich Vorrang einzuräumen gegenüber zu früher einseitiger sportartbezogener Spezialisierung. Was für den Sportunterricht gilt, muß zwangsläufig noch mehr Gültigkeit haben für den Schwimmunterricht, weil Wasser eine physikalisch andere Welt ist, die sowohl sensomotorisch als auch psychomotorisch bewältigt werden muß.

Dieses Buch habe ich so zu schreiben versucht, daß es nicht nur Bezug zur Schule hat, sondern auch für Übungshelfer und -leiter in Vereinen, die mit Wasser und Schwimmen zu tun haben, geeignet ist. Es fällt mir immer wieder auf, wie einseitig die Orientierung in den Vereinen ist: **Kinder müssen möglichst schnell Schwimmtechniken lernen.**

Grundlagen schaffen, vielfältige Wassererfahrungen sammeln, Spielen und Experimentieren

mit und im Wasser, Materialien im Wasser erproben; all dies scheint von vielen entweder als vertane Zeit betrachtet zu werden oder wird mangels Kenntnissen ausgeklammert.

Dabei ist dieser vielfältige Umgang mit Wasser auch ein wesentlicher Garant dafür, daß, darauf aufbauend, sportartspezifische Fertigkeiten ökonomisch, sicher und schnell erworben werden können.

Eltern, die an sich selbst nur erfahren haben, daß Schwimmen lernen nur bedeutet, möglichst schnell Brustschwimmen zu können, ohne dabei in der Lage zu sein, das Gesicht ins Wasser zu nehmen oder ins Wasser auszuatmen, übertragen diese eigenen Erfahrungen schnell auf ihre Kinder. Dennoch sollten sich Unterrichtende, egal ob in Kindergarten, Schule oder Verein, nicht von außen unter Zugzwang bringen lassen. Manchmal sind aber auch sie durch ihre eigene Wasserbiographie und in Unkenntnis neuerer didaktischer Erkenntnisse im alten verhaftet.

Erste Folgerungen heißen:

Ermöglichen wir allen Kindern in frühem Lebensalter (bereits mit Säuglingen möglich) die Bewegungswelt Wasser in vielfältigster Form für sich zu erobern, gestatten wir ihnen experimentierend sich diesen Erfahrungsraum zu erschließen, so leisten wir einen Beitrag für eine positive kindliche Entwicklung.

Vor der Vermittlung von Schwimmtechniken müssen Kinder umfangreiche Erfahrungen im Wasser und mit dem Wasser machen. Sportartspezifische Erfahrungen sollten zunächst zurückgestellt und nicht zu früh eingebracht werden.
Nicht alle Kinder können diese Fertigkeiten lernen. Manche Kinder mit Handicaps können dies durch ihre motorischen oder / und ko-gnitiven oder / und emotionalen Einschränkungen nicht leisten. Um die Bewegungswelt Wasser sicher "in den Griff zu bekommen", bedarf es keiner Schwimmtechniken, auch wenn viele dieser Meinung sind.

Lassen wir Kinder erkennen, daß Wasser einen hohen Freizeitwert hat und leiten sie auch zu Aktivitäten an, die ans Wasser gebunden sind und die sie in ihrer freien Zeit im Wasser anwenden können.

3 Stufen (S. 16/17)

1) Wassergewöhnung

2) sich - Bewegen im nicht stehtiefen Wasser

3) Wasserbewältigung

Wasser als Aktivitätsraum zum Spielen u. Experimentieren

⇒ Glange v. Handlungsfähigkeit im Wasser

➤ Bei meinem Kollegen Heinz Lang bedanke ich mich für seine kritische Durchsicht des Manuskriptes und seine konstruktiven Anmerkungen.

Theorieteil

1. Grundlegende Bemerkungen

Unter **Schwimmen lernen** wird noch immer **zu sehr** nur die **Vermittlung der Schwimmtechniken** verstanden. Technikaneignung und -verbesserung und die Betrachtung biomechanischer Gesichtspunkte stehen zu sehr im Vordergrund. Der Ehrgeiz vieler Unterrichtender liegt immer noch zu sehr darin, daß dies möglichst schnell von Kindern erreicht werden muß.

Für Kinder bedeutet diese Vorgehensweise aber eine erhebliche **Einschränkung** an notwendigen Erlebnissen, Erfahrungen und Erkenntnissen dem Bewegungsraum Wasser gegenüber, wenn die Inhalte des Schwimmunterrichtes mit Kindern im Vorschul- und Grundschulalter sehr schnell in den sportartbezogenen Erfahrungs- und Lernbereich gelenkt werden. Dabei wird übersehen, daß **Wasser** eine für viele Kinder **neue** und für alle eine **qualitativ andere Bewegungswelt** darstellt, die sie sich **erobern** müssen. Hierfür benötigen sie Zeit. Wasser vielfältig zu erleben, zu erfahren und zu erkennen, zahlt sich auch in anderer Hinsicht aus: auf dieser Grundlage werden später problemlos qualitativ gut und schnell sportartbezogene Fertigkeiten, sprich Schwimmtechniken, gelernt.

Aus **methodischer Sicht** ist dringend zu beachten, daß dieses Element **nicht nur in geschlossenen**, d. h. vom Unterrichtenden gelenkten, **Unterrichtssituationen** erfahren werden darf. **Kinder in diesem Alter** müssen auch **viel Gelegenheit** erhalten zum **Experimentieren** mit und im Wasser. Diese am Kind orientierte Vorgehensweise erfordert Zeit, da der **prozeßorientierte Verlauf** im Mittelpunkt steht und das Endprodukt weniger von Belang ist. In solchen Situationen rückt die/der Unterrichtende aus dem Zentrum des Geschehens an die Peripherie. Sie/Er stellt die Situation bereit, weist u. U. Materialien zu, stellt Bewegungsaufgaben, ist Beobachter und Helfer, greift in gefährlichen Situationen ein. Ein derartiges unterrichtliches Vorgehen erfordert auch und vielleicht noch mehr Vorbereitung auf den Unterricht. HILDEBRANDT (1993) macht darauf aufmerksam, daß die Situation besser lehrt als die Instruktion.

Wer Schwimmen unterrichtet, auch im vereinsbezogenen Bereich, muß sich um die **physikalische Andersartigkeit** des Elementes Wasser **bewußt sein.** Nur durch dieses Wissen ist sichergestellt, daß die zuvor gemachten Ausführungen richtig eingeordnet werden können. Auf diese Zusammenhänge weist REISCHLE (1988) zu Recht hin. Diese Andersartigkeit des Wassers wirkt auf nahezu alle **Wahrnehmungssysteme** mit **neuen** und **unbekannten Reizen,** die zu situationsangepaßten Handlungen verarbeitet werden müssen. Regelmäßiger Aufenthalt im Wasser hat mit Sicherheit positive Auswirkungen auf die Sensomotorik:

• Durch die der Schwerkraft entgegenwirkende **Auftriebskraft** kann sich der Mensch im Wasser fast schwerelos bewegen. Dadurch ergeben sich **vielfältige neue Bewegungsmöglichkeiten.**

• Im Wasser kann man sehr intensiv **Wasserdruck** und **Wasserwiderstand** am eigenen Körper und an Materialien erleben, erfahren und erkennen.

• **Hören** und **Sehen** ist im und vor allem unter Wasser verändert.

• **Gleichgewichts-** und **Tastsinn** (gemeint ist die gesamte Körperoberfläche) werden besonders stark stimuliert. Beide stehen in enger Verbindung zum limbischen System, das für die Ausprägung von Emotionalität zuständig ist. Besonders für Kinder mit Defiziten im Gleichgewichts- und / oder Tastsinn ist deshalb der Aufenthalt im Wasser besonders günstig.

• Wasser, mit den in Schwimmbädern üblichen Temperaturen, **entzieht** dem Körper **Wärme** und löst ungewohnte, willentlich nicht beeinflußbare **Reflexmechanismen** aus. Durch regelmäßigen Aufenthalt im Wasser werden Anpassungsmechanismen ausgelöst, die den Organismus widerstandsfähiger machen.

Entwicklungs-, bewegungsauffällige und **behinderte Kinder erfahren Wasser** oftmals als eine **Bewegungswelt,** die ihnen **weit weniger "Hindernisse in den Weg legt"** als dies an Land der Fall ist. Im Wasser können sie teilweise recht gute Leistungen erbringen. Die Bewegungswelt **Wasser** ist für sie aus **psychomotorischer Sicht** ein ganz **wichtiger Aktivitätsraum.** Ihre im und mit Wasser gemachten erfolgreichen Selbsterfahrungen können sich äußerst positiv auf ihr Selbstwertgefühl auswirken.

Aus dem bislang Erörterten ergeben sich folgende **Forderungen an den Schwimmunterricht mit Kindern im Vorschul- und Grundschulalter:**

Sie müssen Wasser vielfältigst erfahren dürfen. Es sind ihnen verschiedenste Erfahrungen am, im, ins, unter und über Wasser zugänglich zu machen.

Sie müssen viel Gelegenheit erhalten, mit dem eigenen Körper und mit Materialien im Wasser zu spielen und zu experimentieren. Dadurch erleben, erfahren und erkennen sie intensiv Wirkungen, die Wasser auf Materialien ausübt und Wirkungen, die von Materialien auf Wasser ausgehen.

Sie müssen sich im Wasser wohl fühlen, mit Freude und Spaß im Wasser sein. Erst dann ist ihre Lernfähigkeit dem Wasser gegenüber gesichert.

Sie müssen die Bewegungswelt Wasser sicher beherrschen lernen.

Die **Sinngebung von Schwimmunterricht** mit Kindern dieses Alters muß lauten:

Kindern im Umgang mit dem Element Wasser Handlungsfähigkeit vermitteln.

Wichtige, aufeinanderfolgende "**Stationen**" auf dem Weg **zum Erreichen dieser Handlungsfähigkeit** sind meines Erachtens:

1. **Abbau** vorhandener **Hemmungen** bzw. **Ängste** dem Wasser gegenüber. Bei Kindern, die sehr früh (im Vorkindergarten- und Kindergartenalter) regelmäßigen Kontakt mit dem Wasser haben, entstehen in der Regel solche Hemmungen oder Ängste überhaupt nicht.

   Bei **gehemmten** bzw. **ängstlichen Kindern** ist dringend geboten, daß die **Grundschule so früh als möglich Schwimmunterricht** anbietet (Klassenstufe eins, spätestens zwei), weil dann noch eine gute Chance besteht, diese Hemmungen oder Ängste zu beseitigen.

2. Kinder müssen sich **mit** und **im Wasser wohl fühlen**. Sie müssen Spaß haben im Umgang mit Wasser. Am Ende jeder Schwimmstunde sollen sie nur widerwillig das Wasser verlassen und sich bereits auf die nächste freuen. Dadurch ist der ganz wichtige Schritt getan, damit Kinder **lernfähig** sind im Umgang mit dem Element Wasser.

3. Kinder sollen problemlos **mit jeder Wassersituation zurechtkommen**. Wer nur Brust-schwimmen kann mit Gesicht über Wasser, Angst hat sein Gesicht ins Wasser zu legen und sich weigert, mit seinem Körper unter Wasser zu gehen, hat diese dritte, ganz wichtige Stufe nicht erreicht. Ein solches Kind hat mit dem Element Wasser Probleme. Kinder zu solchen "Pseudoschwimmern" zu machen, hat der Schwimmunterricht in jedem Fall zu vermeiden.

Unter diesem Gedanken kann ich heute, aus den eigenen vielfältigen Erfahrungen heraus, jeder(m) Unterrichtenden raten, Kinder sehr bald die Wassersituation erfahren zu lassen, in der sie keinen Boden mehr unter den Füßen haben, obwohl sie noch keine Schwimmtechnik beherrschen. Dazu sind jedoch **geeignete Hilfsmittel**, wie z. B. Schwimmflossen, -sprossen, -bretter und Pull-Buoys erforderlich, die sich, je nach Leistungsstand, differenziert einsetzen lassen.

Nicht geeignet sind dagegen **am Körper festgemachte Hilfsmittel**, die aus meiner Sicht in der Regel keinen Platz im Schwimmunterricht haben dürfen. Nur in Extrem"fällen" sollten sie als letztes Mittel zur Anwendung kommen. Sie verändern die Wahrnehmung dem Element Wasser gegenüber und bauen falsche Bewegungsmuster auf. Das **Einbringen dieser "Tief"-wassersituation** setzt aber voraus, daß die/der **Unterrichtende helfen kann**, falls es einmal zu einer **Notlage** kommen sollte.

Wer Schwimmunterricht erteilt, muß sich sicher im und unter Wasser bewegen können.

Zudem muß die zu betreuende **Schwimmgruppe überschaubar** sein. Anfängerschwimmunterricht mit 25 oder gar 30 Kindern im Grundschulalter kann nicht als Schwimmunterricht im eigentlichen Sinn bezeichnet werden. Es gibt nahezu keine Schwimmgruppe, wenn sie nicht spezifisch ausgewählt

wurde, die Homogenität in ihrer Leistungsfähigkeit dem Wasser gegenüber zeigt. Bei einer derartigen Gruppengröße kann es für die/den Unterrichtende(n) nur noch um die Sicherstellung seiner Sorgfalts- und Aufsichtspflicht gehen. Unterrichtende sollten sich im eigenen und im Interesse der betreuten Kinder weigern, mit so großen Gruppen Schwimmunterricht durchzuführen.

Empfehlung für die Größe der Gruppe: 15

Diese Zahl 15 ist mit einem Plus oder Minus zu versehen, je nach Alter und Zusammensetzung der Gruppe. An der Zahl 15 unbeweglich festzuhalten, darf nicht sein. Flexibilität ist gefragt!

Grundlegende Bemerkungen

Abb. 1:
Erfahrungs- und Lernbereiche (LuEB) des Schwimmunterrichtes

Beginn des Schwimmunterrichtes

WASSERGEWÖHNUNG

Ziel ist
die ganzheitliche Anpassung an die besonderen physikalischen Eigenschaften des Elementes Wasser sicherzustellen.

Wassergewöhnung ist nie abgeschlossen!

Inhalte

- Bewegt werden im Wasser
- Spielen, Experimentieren, sich bewegen im und mit Wasser
- Ohne und mit Materialien
- In unterschiedlichen Wassertiefen

SICH BEWEGEN IM NICHT-STEHTIEFEN WASSER

Ziel ist es,
diese Wassersituation senso- und psychomotorisch ohne Fremdhinweise zu bewältigen.

Anfangs mit Hilfsmitteln (Schwimmflossen, Schwimmsprosse, -brett, Pull-Buoys) in Kombination.

Keine am Körper festgemachten Hilfsmittel verwenden !
Nur in extremen Ausnahmesituationen !

Konsequenter Abbau der Hilfsmittel

bis zum Bewegen ohne Hilfsmittel

WASSERBEWÄLTIGUNG

Ziel ist es,
die besonderen physikalischen Eigenschaften des Wassers zu erleben, zu **erkennen** und sie sich für die Tätigkeiten im Wasser nutzbar zu machen.

Inhalte

- Den Körper nur durch Ausatmen absinken lassen
- Ausatmen ins Wasser und Einatmen über Wasser rhythmisch verbinden
- Statischer Auftrieb / Schweben
- Dynamischer Auftrieb / Gleiten
- Springen ins Wasser

SCHWIMMTECHNIKEN

Ziel ist es,
Schwimmtechniken (ST) qualitativ gut zu lernen.

Wichtige Gesichtspunkte:

- Wahl der ersten ST
- Aufeinanderfolge der ST
- Guter methodischer Weg
- Zeit zum Wiederholen

Ausnahmen:

Kinder mit koordinativen Problemen, für die es keinen Sinn macht, eine normierte Schwimmtechnik zu lernen.

Geeignet: Mischform normierter Schwimmtechniken, z. B.: Wechselbeinbewegung / Armbewegung Brustschwimmen.

Menschen mit Handicaps: Was möglich ist, entscheidet die motorische Beeinträchtigung, die kognitive Leistungsfähigkeit und die emotionale Steuerungsfähigkeit.

Grundlegende Bemerkungen

Abb.2:
Aus Gründen der übersichtlicheren Darstellung versucht die vereinfachte Abb. 2 folgende Gesichtspunkte zu erklären:

Beginn des Schwimmunterrichtes

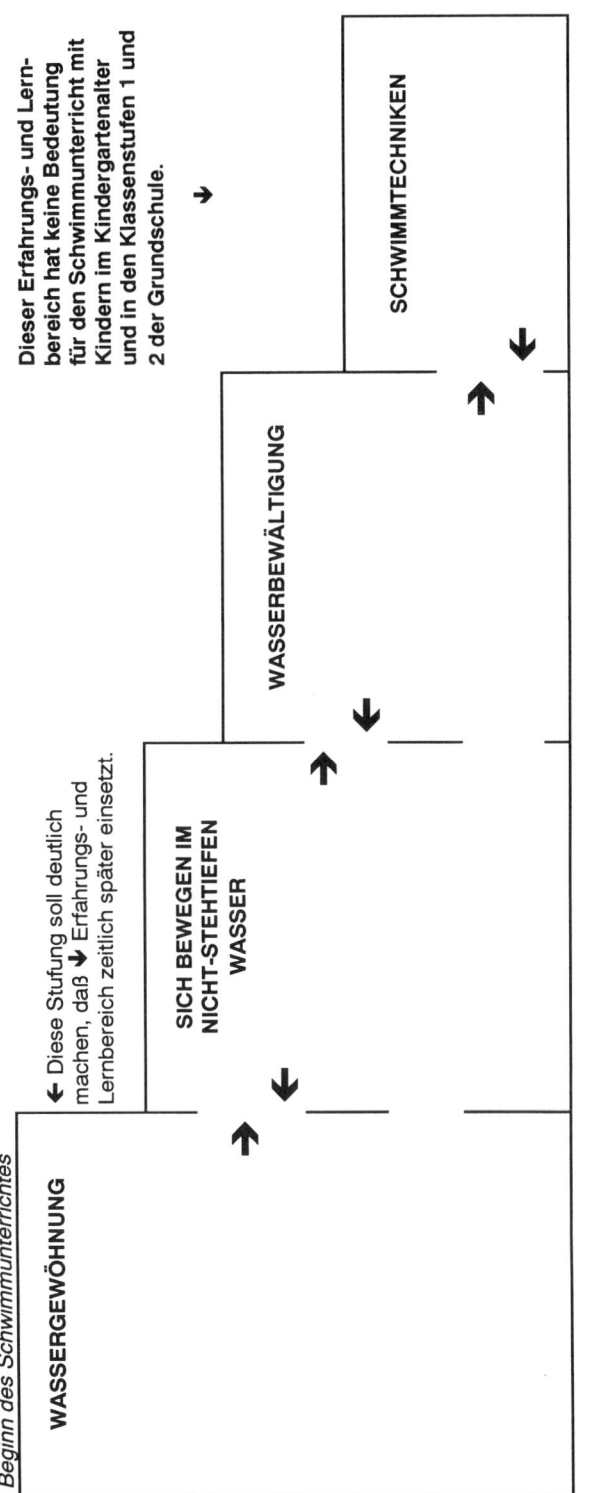

WASSERGEWÖHNUNG

↩ Diese Stufung soll deutlich machen, daß ↩ Erfahrungs- und Lernbereich zeitlich später einsetzt.

SICH BEWEGEN IM NICHT-STEHTIEFEN WASSER

WASSERBEWÄLTIGUNG

SCHWIMMTECHNIKEN

Dieser Erfahrungs- und Lernbereich hat keine Bedeutung für den Schwimmunterricht mit Kindern im Kindergartenalter und in den Klassenstufen 1 und 2 der Grundschule.

↩ Diese Pfeile und die senkrecht unterbrochenen Linien sollen verdeutlichen, daß sich die vier Erfahrungs- und Lernbereiche
↑ (EuLB) überschneiden. Für die Unterrichtspraxis bedeutet dies, daß nicht der linksstehende LuEB abgehandelt und dann zum rechtsstehenden übergegangen wird. Die "Kunst" des Unterrichtens liegt in der sinnvollen Durchmischung der einzelnen Stunden mit den Inhalten. Orientierung für die Planung müssen zudem methodische Gesichtspunkte und Belastungsfaktoren sein.

2. Wassergehemmte und ängstliche Kinder. - Einige Gedanken

Dem Wasser gegenüber gehemmte und ängstliche Kinder haben **zwei Probleme**:

1. Sie wollen möglichst nicht den Boden unter den Füßen verlieren, d. h. sie versuchen alles daranzusetzen, mit den Füßen **stets Bodenkontakt** zu halten und

2. sie **vermeiden** tunlichst, **Wasser ins Gesicht** zu bekommen.

Solche Kinder sollten **möglichst früh regelmäßigen Kontakt mit Wasser** angeboten bekommen. Im Kindergarten- und frühen Grundschulalter (erste und zweite Klasse) ist die Beseitigung dieser Wasserhemmung bzw. -angst einfacher als bei Neun- oder Zehnjährigen. Diese Überlegung wirft die Frage nach dem Beginn des Schwimmunterrichtes in der Grundschule auf. Ich würde mich, wie bereits im vorangegangenen Kapitel erwähnt, für einen möglichst frühen Beginn (erste, spätestens zweite Klassenstufe) aussprechen, auch wenn der Aufwand für die/den Unterrichtende(n) größer ist. Sie/Er muß beim Aus- und Anziehen sowie beim Duschen Hilfe leisten. Der Einsatz von Eltern, in der Regel Mütter, kann hierbei Entlastung bringen. Für den schulischen Schwimmunterricht muß eine solche Maßnahme unbedingt mit der Schulaufsicht bzw. der Schulleitung besprochen und von ihr genehmigt werden.

Die **persönliche** und **gute Beziehung** zwischen Lehrkraft und Kind ist dabei äußerst wichtig. Das Kind muß Vertrauen zu diesem Erwachsenen aufbauen. Dies bedeutet u. a. auch, daß sie/er häufig **mit im Wasser sein** muß, um Hilfen zu geben, Mut zuzusprechen und Körperkontakt herstellen zu können. Bei diesen Kindern macht es wenig Sinn, wenn die/der Unterrichtende nur draußen am Beckenrand steht. Dabei muß durch organisatorische Maßnahmen sichergestellt sein, daß sie/er die gesamte Gruppe noch unter **Aufsicht** hat. Hier entsteht ein Widerspruch zwischen **Schwimmerlassen** einiger Bundesländer und notwendigem unterrichtlichem **Handeln**.

Für ängstliche und vor allem überängstliche Kinder kann das Tun am und mit Wasser, ohne dabei von ihm umschlossen zu sein, in der Anfangsphase äußerst wichtig sein. Hierzu gehört auch der Einbezug des Naßraumes Dusche bzw. auf dem Beckenumgang stehende und mit Wasser gefüllte große Wannen. Aus Gründen der Aufsichtspflicht läßt sich die Naßraumsituation nicht immer so durchführen, wie es wünschenswert wäre. Der Einsatz einer zweiten Betreuungsperson kann diese Schwierigkeit beseitigen helfen.

Gehemmte und ängstliche Kinder in Schwimmgruppen erfordern **kleinere Gruppen**. Bei 25 Kindern "gehen sie unter". Eine wichtige **flankierende Maßnahme** stellt **Förderunterricht im Wasser** dar: in kleinen Gruppen (4 - 8) kann noch individueller auf das einzelne Kind eingegangen werden. Durch Lehrermangel wird Stütz- und Förderunterricht zunehmend immer weniger erteilt. Der wenige, noch mögliche Förderunterricht wird in den vermeintlich wichtigeren kognitiven Lernfächern eingesetzt.

Diesen ängstlichen Kindern immer nur **stehtiefes Wasser** anzubieten, birgt die große Gefahr, daß sie ihre Hemmungen und Ängste nicht abbauen, daß sie "auf der Stelle treten". Viele Jahre eigener Unterrichtspraxis, gerade auch mit solchen Kindern, haben gezeigt, daß eine **frühe Auseinandersetzung mit nicht-stehtiefem Wasser** in Verbindung mit geeigneten Hilfsmitteln der **richtige Weg** ist. Die Erfahrung machen, daß man dieses "tiefe" Wasser bewältigen kann und immer besser "in den Griff bekommt", hat gerade für solche Kinder eine ganz wichtige **psychomotorische Wirkung**. Da

mittels **eigener Bewegung** diese Situation gemeistert wird, können sich nachhaltig positive Wirkungen auf die Änderung von Selbstwertgefühl und Selbstbewußtsein ergeben. Denn die Kinder erfahren und erkennen, daß sie in der Lage sind, diese Situation zu meistern.

Vorgaben zur Bewegung darf es durch die/den Unterrichtende(n) nicht geben. Die Bewegung soll von den Kindern ausgehen. Die Beobachtung von Kindern in dieser Bewegungssituation zeigt nahezu immer dasselbe Bewegungsmuster: alternierende Beinbewegung, anfangs oftmals der Bewegung beim Radfahren ähnlich, und alternierende, ganz im Wasser stattfindende Armbewegung (sog. Hundekraulen). Nur diejenigen Kinder, die von Erwachsenen bereits Bewegungsvorschriften erhielten, wenden eine Art Brustschwimmen an. Dieses sog. Hundekraulen läßt sich später nahezu problemlos in eine Wechselzugtechnik (Kraul- oder Rückenschwimmen) überleiten.

Notwendige und sinnvolle **Hilfsmittel** sind Schwimmflossen, sprossen, -bretter und Pull-Buoys, die differenziert Verwendung finden müssen und die im Laufe des Lernprozesses abzubauen sind. Kinder sollten selbst über den Zeitpunkt des Abbaus der Hilfsmittel entscheiden dürfen. Dadurch wird gewonnene Sicherheit in das eigene Tun verdeutlicht. In diesem Prozeß sollten Unterrichtende nur dann eingreifen, wenn ein Kind rigide an einem Hilfsmittel "hängen-bleibt",

seine beobachtbare Leistungsfähigkeit jedoch scheinbar weiterentwickelt ist.

Der methodische Weg kann folgendermaßen aussehen:

Mit Kontakt der Hände zum Beckenrand am Ort.
Die Eintauchtiefe seines Körpers bestimmt das Kind.

Sich mit den Händen am Beckenrand entlangziehen.

Sich mit Schwimmflossen und -sprosse im Wasser bewegen.

Anfangs über die Schwimmsprosse (SS) hängen. Später diese nur noch mit den Händen festhalten bei möglichst gestreckten Armen.
Dies ist eine ganz sichere Gerätekombination, die ängstlichen Kindern schnell Vertrauen vermittelt.
Manche Kinder bedürfen zweier SS, weil ihnen eine nicht sicher genug scheint. Jede SS wird mit einer Hand gehalten, jeder Arm ist über einer SS. Diese befindet sich längs neben dem Körper.

Schwimmflossen und -brett

(Schwimmflossen und eine Pull-Buoy in den Händen)

Ein Zwischenschritt, den nur wenige Kinder benötigen.

Schwimmflossen

Ohne Hilfsmittel

Ist das Kind bereit, den ständigen Kontakt zum Beckenrand aufzugeben, wird anfangs nahe am Beckenrand geschwommen, um bei vermeintlicher Gefahr schnell die sichere Überlaufrinne greifen zu können. Bei weiterer Sicherheit bietet sich das Schwimmen "über Eck" an mit stetiger Vergrößerung der Schwimmstrecke und zunehmender Entfernung zur Beckenwand.

Die zuvor beschriebenen Hilfsmittelsituationen müssen nicht alle zur Anwendung kommen. Es ist vom einzelnen abhängig, welche er wie lange benötigt.

Alles spielt sich in **Bauchlage** ab, weil in der Regel allen gehemmten und ängstlichen Kindern die Rückenlage im Wasser Unbehagen bereitet und viele sich zunächst dagegen wehren. Die Rückenlage darf erst viel später angebahnt werden.

Ist Vertrauen in diese Wassersituation aufgebaut, hat **Springen in dieses "tiefe" Wasser** eine weitere bedeutsame Erlebens- und Erfahrungsqualität. Ausnahmsweise dürfen dazu auch Schwimmflossen verwendet werden. Springen hat zwangsläufig Untertauchen zur Folge. Dadurch wird Unterwassersein angebahnt.

Nur **Unterrichtende**, die in der Lage sind, in einem Notfall sichere Hilfe geben zu können, dürfen diesen m. E. so wichtigen und erfolgreichen methodischen Weg Kindern anbieten. Hier wird deutlich, wie wichtig und notwendig die Eigenrealisation von Unterrichtenden für Schwimmunterricht ist.

3. Bildungsplan im Fach Sport für Baden-Württemberg. - Ein Exkurs

Der Bildungsplan der Grundschule für das Fach Sport in Baden-Württemberg unterscheidet vier Arbeitsbereiche (AB):

Individualerfahrungen

Erfahrungen mit Partner und Gruppe

Sportartbezogene Erfahrungen

AB 1	**Spielen - Spiel**
AB 2	**Sich bewegen mit und ohne Gerät**
AB 3	**Sich bewegen an Großgeräten**
AB 4	**Spielen und sich bewegen im Wasser**

Die **Arbeitsbereiche 1-3** sind dem **Sportunterricht**, der **Arbeitsbereich 4** dem **Schwimmunterricht** zuzuordnen.

Für jeden Arbeitsbereich wurden Zielvorgaben mit entsprechenden Inhalten formuliert. Eine durchgängige Unterteilung für alle Arbeitsbereiche beinhaltet:

Individualerfahrungen sowie Erfahrungen mit Partner und Gruppe umfassen in den Klassenstufen eins und zwei nahezu 100% des Unterrichtes, nehmen in Klassenstufe drei ab und werden in Klassenstufe vier noch geringer. Diese Verminderung hat zur Folge, daß sportartbezogene Erfahrungen zunehmen. Diese fehlen in Klassenstufe eins ganz, in Klassenstufe zwei sind einige Stunden im AB 2 vorhanden (eine Inkonsequenz zugunsten der Bundesjugendspiele, die in dieser Klassenstufe eigentlich keinen Platz haben dürften!). Selbst in Klassenstufe vier sind die sportartbezogenen Erfahrungen noch recht zurückhaltend gehandhabt. Damit schafft dieser Bildungsplan eine wichtige Voraussetzung für eine breit angelegte Bewegungserziehung.

Der **Arbeitsbereich 4** unterscheidet sich in seiner Darstellung von den anderen drei Arbeitsbereichen. Er ist **nicht aufgeschlüsselt in** die einzelnen **Klassenstufen**, sondern faßt alle vier zusammen. Der Grund liegt in den doch recht unterschiedlichen Möglichkeiten zur Durchführung von Schwimmunterricht. In Städten und Gemeinden wird die Nutzung öffentlicher Hallenbäder durch Schulen sehr unterschiedlich praktiziert. Diese Tatsache muß ein Lehrplan berücksichtigen.

Was für die Arbeitsbereiche 1-3 in ihrer Struktur Gültigkeit besitzt, muß auch so für den AB 4 übernommen werden.

Die grundlegenden Aussagen des Bildungsplanes, auf Schwimmunterricht bezogen, bedeuten:

> **Vielfältige Erlebnisse, Erfahrungen und Erkenntnisse über die Bewegungswelt Wasser haben klaren Vorrang vor zu frühen sportartspezifischen Erfahrungen!**

Mit diesen Gedanken sollten sich auch alle diejenigen vertraut machen, die, außerhalb der Institution Schule, Kindern im Kindergarten- und Grundschulalter Schwimmunterricht erteilen.

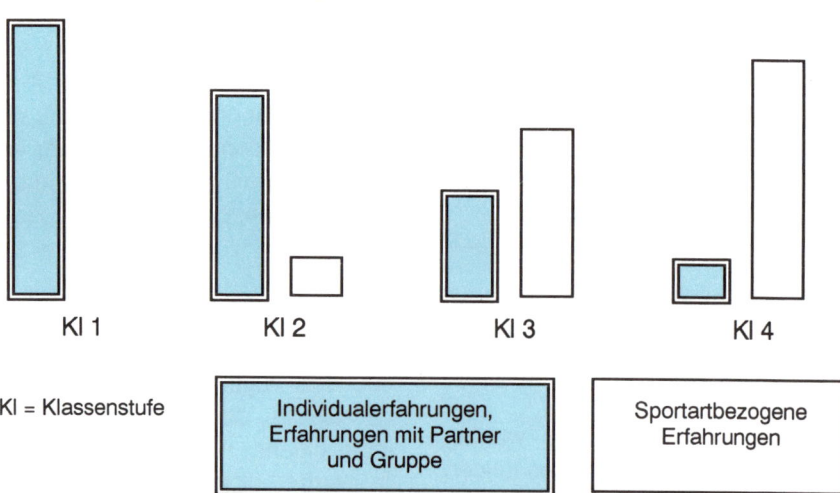

Abb. 3
stellt schematisch die Anteile von Individualerfahrungen, Erfahrungen mit Partner und Gruppe sowie sportartbezogenen Erfahrungen, bezogen auf die verschiedenen Klassenstufen für den Sportunterricht, dar.

4. Größe der Schwimmgruppe

Grundsätzlich ist davon auszugehen, daß eine Schwimmgruppe von Kindern im Kindergarten- und Grundschulalter nicht zu groß sein darf, wenn der einzelne individuelle Zuwendung erfahren soll und die Kinder für sie wichtige Freiräume zum Spielen und Experimentieren erhalten sollen. Diese Aussage kann den Leser nicht zufriedenstellen, weil sie wenig konkret ist. Eine ähnlich unbefriedigende Aussage macht der Organisationserlaß des Ministeriums für Kultus und Sport Baden-Württemberg. Seit Jahren unverändert lautet dort der entsprechende Passus "... die Bildung kleiner Sportgruppen auf Kosten der dem einzelnen Schüler zustehenden 3 Sportstunden je Woche sollte nicht erfolgen (ausgenommen Schwimmen) ..." (aus: Kultus und Unterricht, Heft 6 / 1993).

In der Praxis hat sich m. E., wie bereits erwähnt, für diesen Altersbereich eine **Gruppengröße** von **15** bewährt. Mit dieser Zahl ist jedoch flexibel umzugehen. Bei drei- und vierjährigen Kindern ist eine solche Gruppe für eine(n) Unterrichtende(n) bereits zu groß. Fünfzehn Siebenjährige (Klassenstufe eins) sind für eine(n) Unterrichtende(n) auch noch viel, da diese Kinder z. T. noch intensiver Hilfen bedürfen, auch beim Umziehen und Duschen.

Befinden sich in einer Gruppe ängstliche Kinder oder Kinder mit Handicaps, dann können diese zur Bewältigung ihrer (Wasser-)Probleme bei einer Gruppengröße von 15 nicht mehr die erforderliche Zuwendung erfahren.

Andererseits kann man 18 Viertkläßler, die schon drei Schuljahre Schwimmunterricht hinter sich haben und von denen keiner mehr Angst vor Wasser hat, durchaus in dieser Gruppengröße verkraften.

Diese Beispiele sollen deutlich machen, daß von einer **Richtzahl** ausgegangen werden kann, aber das starre Festhalten an dieser Zahl nicht immer sinnvoll ist, weil die Gruppe und ihre Bedingungen gesehen werden müssen.

Vereine, die Schwimmunterricht bzw. Schwimmkurse anbieten, haben diesbezüglich **besseren Handlungsspielraum** als Schulen, da sie weit geringeren Zwängen unterliegen.

5. Sicherheit, Aufsichts-und Sorgfaltspflicht. Was Unterrichtende wissen und beachten müssen

In den **Unfallstatistiken** der Versicherungsverbände befindet sich **Schwimmen** sehr weit **hinten**, d. h. im Schwimmen sind verhältnismäßig **wenige Unfälle** zu verzeichnen. Schwimmunterricht darf deshalb getrost als eine wenig gefährliche Angelegenheit angesehen werden, wenn wichtige Sicherheitsaspekte Beachtung finden. Überprüft man Unfälle im organisierten Schwimmbetrieb mit tödlichem Ausgang, weisen diese fast immer einen der beiden folgenden Verursachungskomplexe auf:

*   Die/Der Unterrichtende ist mit ihrer/seiner **Aufsichts-** und **Sorgfaltspflicht** sehr **großzügig umgegangen**. Sie/Er hat Kindern zu viel Freiraum gelassen und notwendige Verbote nicht ausgesprochen bzw. nicht darauf gedrängt, daß ausgesprochene Verbote beachtet wurden.

*   Ein verunfalltes Kind hatte eine **organische Schädigung**, die nicht bekannt war; Eltern hatten diese aus irgendwelchen Gründen verschwiegen. Oder man ist mit dieser Schädigung trotz Kenntnis nicht sachgemäß umgegangen.

Die nachfolgende **Auflistung** will versuchen, die wichtigsten Punkte stichpunktartig so herauszuarbeiten, daß diese den Unterrichtenden eine **Orientierungshilfe** bietet.

a) Die Kinder der Gruppe

Informationsschreiben / -gespräch

Haben alle **Eltern** ein **Informationsschreiben** zum Schwimmunterricht erhalten? Ist dieses Schreiben von allen zurückgegeben worden? Sind die entsprechenden Fragen sorgfältig beantwortet?
Ein derartiges **Schreiben** zu erstellen ist **lohnenswert**. Dies gilt auch für den Schwimmunterricht in Vereinen.

Ist ein solches Schreiben nicht vorhanden, sollte eine **Gesprächsrunde mit** den **Eltern** geführt werden. Für den **Schwimmunterricht** in **Kindergarten** und **Schule** ist der **Elternabend bzw. erste Klassenpflegschaftsabend** im Schuljahr geeignet.

Dieser Informationsaustausch sollte besonders in dem Schuljahr erfolgen, in dem Kinder erstmals Schwimmunterricht haben. Wichtig ist dies aber auch dann, wenn eine andere Lehrkraft die Klasse im Schwimmunterricht übernimmt. Sie sollte im Gespräch mit ihrem/ihrer Vorgänger(in) wichtige Informationen über die Gruppe und die einzelnen Kinder erhalten.

Auch für **Übungshelfer** und **-leiter** in Vereinen, vor allem in Anfängerschwimmkursen, ist dieses **Elterngespräch** von Wichtigkeit. Es bietet sich ein Gesprächsabend noch vor der ersten Schwimmstunde an. Gelingt dies aus organisatorischen Gründen nicht und fehlt der erwähnte Fragebogen, so sollten die Eltern zu Beginn der ersten Stunde befragt werden.

Ärztliche Atteste

Gibt es Kinder in der Gruppe, die ein längerdauerndes ärztliches Attest vorweisen, das sie vom Schwimmunterricht befreit (nur für schulischen Schwimmunterricht von Interesse)?

Krankheit - Allergie - Behinderung

Gibt es in der Schwimmgruppe Kinder, die eine Krankheit, Allergie oder Behinderung haben, wie z. B. eine Schädigung am Herz-Kreislauf-System, ein Anfallsleiden, Diabetes, Asthma, eine cerebrale Bewegungsstörung, eine angeborene Querschnittlähmung (Spina Bifida), Probleme mit dem inneren Ohr, Hautprobleme, Chlorallergie, empfindlich reagierende Netzhaut der Augen, Sehschwierigkeiten ohne Brille usw.? Hier muß das intensive **Gespräch mit** den **Eltern** des betroffenen Kindes gesucht werden. Bleiben dabei Fragen offen, sollte unbedingt mit dem behandelnden **Arzt** gesprochen werden. Er muß zuvor jedoch von den Eltern von seiner ärztlichen Schweigepflicht entbunden werden. Im Interesse des betroffenen Kindes und seiner Sicherheit dürfen wichtige Informationen nicht zurückgehalten werden.

Mediziner, die sich mit dem Thema **Schulsportbefreiungen** befassen, weisen nachhaltig darauf hin, daß es nur in wenigen Fällen gerechtfertigt ist, längerfristig oder generell Kinder vom Sport zu befreien. KLIMT (1984) macht hierzu folgende Bemerkungen: "Die Ausstellung von Zeugnissen, die vom Turnen, von der Teilnahme an der körperlichen Erziehung befreien, sollen nur von einem Arzt ausgestellt werden können, der in den Schulbetrieb sowohl wie in den Turnbetrieb eingeweiht ist." (S. 419). Viele sog. Gefälligkeitsatteste deuten seiner Meinung nach auf mangelhafte Kenntnisse des Arztes über Art, Durchführung und Intensität des heutigen Schulsports hin (S. 423). Er weist darauf hin, "daß Begrenzungen, Freistellungen oder Verbote im Schulsport zu begründen sind, da folgenschwere Inaktivitätssyndrome sich entwickeln können." (S. 419). Vier von ihm aufgestellte Grundregeln, von denen sich der Arzt in seinen gutachterlichen Aufgaben leiten lassen sollte, lauten: "1. zeitliche Begrenzung, 2. möglichst keine Voilfreistellung, 3. selten teilfreistellen und 4. statt dessen lieber Eltern und Kinder beraten" (S. 420). Auch chronisch kranke Kinder sollen nach seiner Auffassung "möglichst auch am schulsportlichen Geschehen teilnehmen und eine übertriebene Absonderung im schulischen und außerschulischen Bereich vermeiden" (S. 423). Gerade Bewegung, in ihrer Sinnrichtung und ihren Inhalten richtig gewählt, kann bei Kindern mit Handicaps einen wichtigen Beitrag leisten zur positiven Entwicklung ihrer Gesamtpersönlichkeit und präventiv auf eine stabile Gesundheit wirken. Bewegung im Wasser kann dies noch intensiver leisten als Bewegung an Land, weil durch die besonderen physikalischen Eigenschaften der Bewegungswelt Wasser vorhandene Handicaps vermindert bzw. ganz aufgehoben werden können. Dies zeigt sich immer wieder in der Praxis gerade bei körperbehinderten Kindern, Jugendlichen und Erwachsenen.

Heute wird viel von **Integration** Behinderter gesprochen. Bewegung ist ein ausgezeichnetes Medium zum gemeinsamen Tun behinderter, entwicklungsauffälliger und nichtbehinderter Kinder. Gerade deshalb

kommt den zuvor gemachten Aussagen noch mehr Bedeutung zu.

Diese Hinweise haben auch Gültigkeit für den Schwimmunterricht in Vereinen. Dieser integrative Ansatz müßte sehr viel stärker in der Praxis aufgegriffen werden.

Kinder mit Wasserängsten und -phobie

Sind Kinder in der Gruppe mit Ängsten dem Wasser gegenüber oder gar einer Wasserphobie? Bei letzterer sind Schule und Verein alleine überfordert. Hier hilft fast nur noch eine psychotherapeutische Behandlung.

Schwimmkleidung

Teilen Sie schriftlich oder mündlich Eltern mit, **was** ihre **Kinder zum Schwimmunterricht benötigen**. Hierzu gehören:

- **Badekleidung**
- **Handtuch**
- **Badeschuhe** (dienen zum Schutz vor Hautinfektionen, z. B. Fußpilz).
- **Duschmittel**: Kinder müssen schon ab der ersten Schwimmstunde erfahren, daß nach dem Auskleiden nackt geduscht wird und der ganze Körper, auch die Haare, gewaschen wird. Unterrichtende sollten dies aus erzieherischen Gründen ernst nehmen.
- Während der **kühlen Jahreszeit** kann ein **zweites Hand-**

tuch zum Trockenreiben der Haare günstig sein. Für 15 Kinder nur zwei oder drei Haarföns verfügbar zu haben, ist sehr zeitaufwendig. Ein zweites Handtuch ist ausreichend. Eine **Mütze** zum Aufsetzen nach dem Schwimmbadbesuch sollte jedes Kind von zuhause mitbringen.

Informationen zum Schwimmbadbesuch und Verhaltensregeln im Schwimmbad

Schulischer Schwimmunterricht

Sprechen Sie mit den Kindern schon vor der ersten Schwimmstunde über den Schwimmunterricht und erklären Sie ihnen die wichtigen **Regeln** zum **Verhalten im Bad**.

Als **Klassenlehrer(in)** haben Sie den Vorteil, daß Sie dies in anderen Unterrichtsfächern (fächerübergreifendes Prinzip) vorbereiten können.

Als **Fachlehrer(in)** müssen Sie sich mit dem/der Klassenlehrer(in) absprechen.

Halten Sie dieses Gespräch mit den Kindern schriftlich im **Klassenbuch** fest. **Wiederholen** Sie dieses in regelmäßigen Abständen. Je jünger Kinder sind, desto häufiger muß dies geschehen.

Schwimmunterricht im Verein

Nehmen Sie sich immer mal wieder vor der Schwimmstunde Zeit und besprechen Sie wichtige **Verhaltensregeln** mit den Kindern. Machen Sie dies jedoch noch, wenn die Kinder trocken sind. Naß und mit nassem Badezeug sitzen zu müssen, ist ungesund!

Schwimmbadbegehung

Hat eine Gruppe oder Klasse **erstmals Schwimmunterricht**, so ist in der ersten Schwimmstunde eine **Schwimmbadbegehung** unumgänglich. Die Kinder müssen die für sie wichtigen Räumlichkeiten kennenlernen und erfahren, auf welchen Wegen sie in diese Räumlichkeiten gelangen.

Körpergröße der Kinder

Informieren Sie sich, ob es in der Gruppe Kinder gibt, die nirgendwo im Schwimmbecken stehen können. Benötigen diese Kinder Hilfsmittel? Ist ihr Leistungsstand so weit fortgeschritten, daß sie ohne Hilfen im Wasser zurechtkommen?

Vorsicht mit Schwimmanfängern bei Schwimmbecken, die Flach- und Tiefwasserbereich haben! Hier muß eine durchgehende, auf der Wasseroberfläche liegende Trennleine den Übergang dieser beiden Bereiche sicht- und fühlbar machen. Dieser Übergang muß den Kindern gezeigt werden. Im Gespräch sind sie auf diese gefährliche Zone hinzuweisen. Als Unterrichtende(r) sollten Sie diesen Übergang während des Unterrichtes durch richtige Standortwahl im Auge haben.

Überprüfen des Leistungsstandes der Gruppe

Vergewissern Sie sich in der ersten bzw. den beiden ersten Stunden über den Leistungsstand jedes einzelnen im Wasser. **Prüfen** Sie **vielseitig** ab! Denn erst auf dieser Grundlage können Sie für kommende Stunden planen.

b) Das Schwimmbad

Wassertiefen im Schwimmbecken

Machen Sie sich kundig über die Wassertiefen des Schwimmbeckens, in dem Sie unterrichten.

Schwimmgeräte

Sie müssen wissen, **welche** Geräte vorhanden sind, **wie** Sie an diese kommen und **wo** sie aufbewahrt werden.

Rettungsgeräte

Informieren Sie sich über **vorhandene** Rettungsgeräte, die Sie einsetzen dürfen. Überprüfen Sie immer mal wieder deren **Einsatzfähigkeit** und **erproben** Sie, ob Sie in der Lage sind, diese im Notfall zu **handhaben**.

Fernsprechanschluß

Informieren Sie sich, ob im Bad ein **amtsberechtigter** Fernsprechanschluß vorhanden ist und **wo** Sie ihn finden. In der Broschüre "Sicherheitsregeln für Bäder" (1984) des BUNDESVERBANDES DER UNFALLVERSCHERUNGSTRÄGER ist dieser Anschluß **gefordert**. Dieser muß eine **direkte Verbindung** ins **Ortsnetz** bzw. zu **Notfalleinrichtungen** haben. Umwege mit Verbindung nach draußen durch andere sind gefährlich, weil in einer Notsituation zu viel Zeit verstreichen kann. Die Installation dieser Einrichtung kann heute problemlos so erfolgen, daß keine privaten Gespräche geführt werden können (oftmals die Bedenken der Bauträger wegen hoher Telefongebühren).

Unmittelbar bei diesem Fernsprechanschluß müssen die wichtigen **Telefonnummern** so **angebracht** sein, daß diese **niemand verlegen** kann und daß sie **vor Nässe geschützt** sind.

Erste-Hilfe-Schrank

Wissen Sie, **wo** Sie für den Notfall den Erste-Hilfe-Schrank finden? Ist dieser für Sie **zugänglich**? Überprüfen Sie ihn immer mal wieder auf **Vollständigkeit**. Erkundigen Sie sich, wer für das **Nachfüllen** zuständig ist. Entnehmen Sie nicht nur Material, sondern machen Sie Mitteilung über die von Ihnen entnommenen Materialien.

Notausgänge

Schwimmbäder haben nahezu immer auch Notausgänge. Machen Sie sich darüber kundig. **Überprüfen** Sie, ob diese **Notausgänge** als solche auch zu **benutzen** sind.

Auffälligkeiten

Bemerken Sie im Schwimmbad, daß **Geräte defekt** sind, daß **Einrichtungen** und **Einrichtungsgegenstände Schaden genommen** haben und damit unfallträchtig sind, dann teilen Sie dies umgehend der dafür zuständigen Person oder Institution mit. Denken Sie nicht, daß dies schon irgendjemand machen wird! **Gefahrenquellen** müssen **schnellstens beseitigt** werden.

c) Die/Der Unterrichtende

Badekleidung

Während des Schwimmunterrichtes müssen Sie Badekleidung tragen. Eigentlich eine Selbstverständlichkeit, scheinbar aber wohl nicht für alle!

Eigenrealisation

Fühlen Sie sich in der Lage, einem **Kind**, das im Wasser **in Not** geraten ist, zu **helfen**? Glauben Sie, daß Sie dieses Kind **an Land bringen** können?

Sind Sie in der Lage **bei Bewußtlosigkeit** dieses Kindes die erforderlichen **Maßnahmen an Land** einzuleiten?

Sind Sie mit der **Herz-Lungen-Wiederbelebung** (H-L-W) vertraut?

Wenn Sie diese Fragen mit Nein beantworten müssen, dann dürfen Sie im eigenen und im Interesse der von Ihnen betreuten Kinder keinen Schwimmunterricht geben.

Selbst wenn Sie diese Dinge leisten können, **bilden** Sie sich **regelmäßig fort**. Informieren Sie sich über Änderungen, über Neues. Die Zeit steht nicht still! Vor 20 Jahren ein Rettungsabzeichen der DLRG gemacht zu haben und dann nichts mehr, reicht nicht aus. Vermutlich haben Sie in der Zwischenzeit vieles vergessen!

Diese Punkte habe ich deshalb angesprochen, weil für den Schwimmunterricht an Schulen in den Bundesländern ganz unterschiedliche Organisationserlasse und Richtlinien Gültigkeit haben. So gibt es in Baden-Württemberg derzeit keinen gültigen Schwimmerlaß, der u. a. regelt, wer Schwimmunterricht erteilen darf. Gerade an Grundschulen unterrichten viele Lehrkräfte ohne Ausbildung im Fach Sport. Sie unterrichten gezwungenermaßen Schwimmen, weil sonst viele Schwimmstunden ausfallen würden. Es gibt für diesen

Bereich nicht genügend ausgebildete Lehrkräfte an dieser Schulart. In Gesprächen bei Fortbildungsveranstaltungen ist leider immer wieder festzustellen, daß viele sich über Maßnahmen in Notfallsituationen im Schwimmunterricht recht wenig Gedanken machen. Glücklicherweise ist, wie bereits angedeutet, der Unterricht im Schwimmbad weniger unfallträchtig. Es darf jedoch nichts passieren, sonst kann es für manch einen brenzlig werden!

Verlassen Sie sich als Unterrichtende(r) nicht auf den **Bademeister**, wenn Sie in einem öffentlichen Schwimmbad Ihren Unterricht erteilen! Für Ihre Gruppe haben Sie die Aufsichts- und Sorgfaltspflicht. Es sei denn, es wurden entsprechende Absprachen zwischen Schulleitung und Betreiber des Bades getroffen.

Sie sind für Ihren Unterricht eigenverantwortlich !

In der Praxis der **Schwimmvereine** ist es zu diesem Thema nicht besser bestellt. Auch dort, so hat es den Anschein, machen sich die Verantwortlichen zu dieser Thematik keine oder nicht genügend Gedanken. **Ausgenommen** davon sind die Organisationen der DLRG und WASSERWACHT die ja "von Hause aus" mit Selbst- und Fremdrettung intensiv beschäftigt sind.

Eigener Standort während des Schwimmunterrichtes

Wählen Sie Ihren **Standort** so, daß sie **alle Kinder sehen** und von ihnen gesehen werden.

Schränken Sie u. U. den **Bewegungsraum** der Kinder im Wasser ein. 15 Kinder benötigen nicht immer die Fläche eines Lehrschwimmbeckens von $16^2/_3$ x 8 m. Zur Absperrung bieten sich vorhandene Leinen, Baustellenbänder u. ä. an. Saugheber (vgl. Praxisteil, Kapitel 4) erleichtern deren Befestigung an Beckenwand oder Beckenumgang. Für bestimmte Situationen, wie z. B. Kleine Spiele, ist eine kleinere Fläche weit spielintensiver und für Kinder überschaubarer.

Wenn Sie selbst **mit im stehtiefen Wasser sind**, werden die o. g. Gesichtspunkte noch wichtiger.

Gehen Sie **niemals mit in Beckenbereiche**, in denen auch Sie **nicht mehr stehen können**. Sie haben in dieser Situation keinen Überblick mehr über die Gruppe. Von außen sind Sie viel besser in der Lage, die Gruppe zu überschauen.

d) Verhaltensregeln für Kinder im Schwimmbad

Folgende Verhaltensregeln und deren Einhaltung sind für Kinder im Schwimmbad besonders wichtig:

Uhren und Schmuck

Wie im Sportunterricht ist das Tragen von Uhren und Schmuckstücken auch im Schwimmunterricht **verboten**.

Die Lehrkraft ist als erste in der Schwimmhalle und verläßt diese als letzte

Dies müssen Kinder von Beginn der ersten Schwimmstunde an lernen. **Anfangs** trifft sich die ganze Gruppe an einem festen **"Versammlungsort"**, und die Kinder bekommen von Ihnen das Zeichen, wann sie ins Wasser dürfen.

Später können Kinder auch **nach** dem **Duschen bereits ins Wasser** gehen, wenn Sie in der Schwimmhalle sind und diese Kinder unter Aufsicht haben. Der gemeinsame **Unterricht beginnt**, wenn **alle in** der **Schwimmhalle** sind.

Toilettengang

Wenn ein Kind während des Schwimmunterrichtes auf die Toilette muß, darf es dies tun. Im Wasser wirkt ein physiologischer Reflex, der zu vermehrter Harnproduktion führt. Die Kinder müssen jedoch lernen, sich bei Ihnen **ab-** und **zurückzumelden**.

Machen Sie es zur Selbstverständlichkeit, daß die Kinder nach dem Duschen auf die Toilette gehen.

Der nasse Beckenumgang ist rutschig und unfallträchtig

Auf dem Beckenumgang darf **nur gegangen** werden. Laufen oder gar Rennen ist strengstens verboten! Durch Laufen / Rennen hat es schon Unfälle mit erheblichen Verletzungen gegeben.

Springen ins Wasser

Ins Wasser darf nur gesprungen werden, wenn Sie es erlauben. Nähere Aussagen sind im Praxisteil, Kapitel 7, zu finden.

Es ist ebenfalls **verboten, andere ins Wasser** zu **stoßen** oder diese **unterzutauchen**.

6. Organisation von Schwimmunterricht. Wichtige Gedanken

Hierbei handelt es sich um ein äußerst **komplexes Thema**, das in Kürze nicht einfach darstellbar ist.

Die **Organisation beeinflußt** ganz entscheidend das **Geschehen** im **Schwimmunterricht**: wie einzelne

Stunden verlaufen, was Kinder lernen und welche Ziele am Ende erreicht werden. In Stichpunkten will ich versuchen, die wichtigsten Aspekte aufzuzeigen.

Der Leistungsstand der Gruppe

Als Unterrichtende(r) müssen Sie sich zu Beginn bzw. bei Übernahme einer neuen Gruppe einen **Überblick über** deren **Leistungsstand** verschaffen. Sinnvollerweise geschieht dies in der ersten bzw. den beiden ersten Schwimmstunden (vgl. auch Anmerkungen im Theorieteil, Kapitel 5).

Die Leistungsfähigkeit des einzelnen Kindes

Über den **Leistungsstand jedes Kindes** der Gruppe im Wasser **Bescheid** zu **wissen** ist wichtig, weil daraus abzuleiten ist, ob die Gruppe in mehrere **Untergruppen** (Differenzierung) aufgeteilt werden muß und die Notwendigkeit der **Individualisierung** (bei ängstlichen Kindern) besteht.

Sie sollten sich im Laufe der Jahre eine **Checkliste erstellen**, mit der vielseitig der Leistungsstand überprüft werden kann. Bei jüngeren Kindern, z. B. 7jährigen, die erstmals Schwimmunterricht haben, ist diese Checkliste weniger umfangreich als bei einer Klasse, die vier Schuljahre in Folge Schwimmunterricht hat. Erfahrene Praktiker können bereits aus dem Beobachten des Tuns von Kindern im Wasser rückschließen, was der einzelne zu leisten vermag.

Das Wissen um den Leistungsstand der Gruppe und ihrer Mitglieder ist **Grundlage** für die **Erstellung** eines **mittelfristigen Stoffverteilungsplanes** (über mehrere Wochen). Dieser kann dann im Laufe des Schwimmunterrichtes verändert werden, wenn sich die Notwendigkeit aus den Lernfortschritten der Kinder heraus ergibt. Dieser Stoffverteilungsplan kann dann auch noch beeinflußt werden von

Gültigen Bildungs- und Lehrplänen

Gerade im Wasser ist die Orientierung am Leistungsstand der Gruppe und des einzelnen das entscheidendere Kriterium. Einen Stoffverteilungsplan an ihnen vorbei zu erstellen und sich nur an gültigen Bildungs- und Lehrplänen zu orientieren, macht für Schwimmunterricht keinen Sinn. **Kinder sind dort abzuholen, wo sie leistungsmäßig im Augenblick stehen.**

Unterrichtsstil

Gerade mit Kindern im Kindergarten- und Grundschulalter müssen **verschiedene Arten** von **Unterricht** flexibel und **an Unterrichtsinhalte angepaßt** zum Einsatz kommen. Wer mit dieser Altersgruppe zu tun hat, muß in der Lage sein, **von offenen bis zu geschlossenen Situationen** unterrichten zu können.

In **offenen Unterrichtssituationen** steht nicht das erreichte Ziel, das Produkt, im Vordergrund, sondern all das, was sich auf dem Weg dorthin abspielt; also das **prozeßhafte Geschehen** (vgl. auch Anmerkungen im Theorieteil, Kapitel 1). Für Unterrichtende bedeutet dies: Aufgaben thematisieren, Situationen bereitstellen, Zurückhaltung üben, auch einmal nur beobachten können, angeforderte Hilfen geben, Gefahren erkennen und unterbinden. Offene Unterrichtssituationen **erfordern Zeit**, die man verfügbar machen muß. Offener Unterricht **bedeutet nicht**, sich als Unterrichtende(r) **nicht vorbereiten** zu müssen, **bedeutet nicht Chaos im Unterricht**. Für Kinder bedeutet diese Art von Unterricht, daß sie viel auch mit anderen gemeinsam erarbeiten müssen. **Bestimmte Inhalte** des **Schwimmunterrichtes** lassen sich **hervorragend in offenen Situationen umsetzen.**

Andere Inhalte sind besser im **geschlossenen Unterricht** abzuhandeln. Dieser Unterrichtsstil findet schwerpunktmäßig bei Inhalten Anwendung, die dem **Erwerb sportartspezifischer Fertigkeiten** dienen, wenn die **Orientierung** an **sportmechanischen Kriterien** bedeutend ist. Ein klar **strukturierter Weg** wird beschritten, der zu einem **fest definierten Produkt** hinführt. Die/Der **Unterrichtende** steht im **Mittelpunkt des Geschehens.** Sie/Er gibt vor, was zu machen ist.

Die **"Kunst"** des **Unterrichtens** ist die **inhaltsbezogene Wahl** der **Vorgehensweise.** Einseitigkeiten, wie z. B. nur geschlossen oder nur offen unterrichten zu wollen oder zu können, sind Extreme, die weniger erfolgreich sind.

Belastungsfaktoren

Die **richtige Wahl** der **Aufeinanderfolge von Inhalten in derselben Schwimmstunde** ist nicht zu vernachlässigen, weil sie maßgeblich auch den Erfolg von Unterricht beeinflußt. Die Unterrichtsstunde muß homogen, in sich geschlossen, sein.

An der häufig praktizierten Dreiteilung einer Stunde (Einleitung, Hauptteil, Ausklang) darf nicht starr festgehalten werden. Die **Orientierung an Belastungsfaktoren** und **Inhalten** ist sinnvoller.

Aufwärmen bzw. **Einstimmen** steht am Anfang. Dieser Teil ist bei den anstehenden Belastungsintensitäten und Belastungszeiträumen im Anfängerbereich weniger von Bedeutung. Das Freigeben des Wassers zum selbst gewählten Tun ist für den angesprochenen Kreis bereits ausreichend. Kinder im Grundschulalter sind z. B. durchaus in der Lage, ein ihnen vertrautes Kleines Spiel selbst zu organisieren, wenn sie dazu den Freiraum erhalten.

Koordinative Aufgaben sind auf jeden Fall **vor konditionelle** zu stellen. Eine Ausdauerbelastung vor einer koordinativen Aufgabe durchzuführen, hat negative Folgen: die Koordinationsfähigkeit ist danach herabgesetzt.

Im Rahmen **konditioneller Faktoren** steht grundsätzlich **Schnelligkeit vor Kraft** und diese **vor Ausdauer**. Gerade im Wasser dürfen Schnelligkeits-, Kraft- oder Ausdauerbelastungen im sportartspezifischen Bereich erst dann angewendet werden, wenn die sportmotorische Fertigkeit ein absolut stabiles Koordinationsniveau erreicht hat.

Ein **Kleines Spiel** muß **nicht unbedingt** den **Ausklang** einer Unterrichtsstunde darstellen. Wenn beispielsweise nur noch fünf Minuten zur Verfügung stehen, macht die Organisation und Durchführung auch eines bekannten Kleinen Spieles keinen Sinn. Ein abschließendes gemeinsames Gespräch mit den Kindern, wenn dies zu den Inhalten der Stunde paßt, kann in diesem Fall weitaus sinnvoller sein.

Vielseitiger Schwimmunterricht

Schwimmunterricht ist **auf Vielseitigkeit** hin zu **orientieren**. Darauf wurde bereits an anderer Stelle eingegangen.

Trotz geforderter Vielseitigkeit darf nicht **"das In-die-Tiefe Gehen"** vernachlässigt werden. Gemeint ist das **intensive Üben** von Inhalten, damit diese von Kindern verinnerlicht werden können; damit sie darüber verfügen können. **Vielseitigkeit** ist **nicht** gleichzusetzen mit dem Motto **heute**

dieses zu tun, **morgen jenes** zu machen und **übermorgen etwas anderes** zu probieren. Gerade Kinder in unserer heutigen Zeit müssen lernen an Aufgaben zu bleiben; sie auch zu wiederholen, wenn sie diese anwenden bzw. darüber verfügen wollen.

Üben und Wiederholen darf keinesfalls als etwas Negatives gesehen werden. Dies ist für Kinder auch deshalb dringend notwendig, weil dadurch auch ihre innere Einstellung und Haltung positiv beeinflußt wird. **Bewegungen beherrschen zu lernen ist stets verbunden mit viel Üben.** Es macht Kindern Freude, eine gekonnte und sichere Bewegung anzuwenden. Einen zum Lesen interessanten Beitrag zu diesem Thema hat BOLLNOW (1974) mit dem Thema "Übung als Weg des Menschen" veröffentlicht. BREZINKA (1986; 1987) hat sich u.a. ebenfalls mit diesem Thema befaßt.

Wechsel von Inhalten innerhalb der Schwimmstunde

Setzt sich eine Schwimmstunde aus **verschiedenen Inhalten** zusammen, ist unbedingt auf deren **sinnvollen Wechsel** zu achten. Im vorhergehenden Abschnitt finden sich bereits Hinweise. Der zeitliche Umfang sportartbezogener Inhalte darf nicht übertrieben werden. (Es sei nochmals darauf hingewiesen, daß dies keine Inhalte für Kinder im Kindergartenalter und für die Klassenstufen eins und zwei der Grundschule sind.) Es ist immer besser, diese nur solange durchzuführen, wie sich Kinder auch darauf **konzentrieren können. 15 Minuten intensiven Übens** bringen meist **mehr Erfolg als 30 Minuten unkonzentrierten Tuns.** Das Vermitteln einer Schwimmtechnik auf einen längeren Zeitraum auszudehnen und in "kleinen Portionen" anzubieten bewirkt mehr, als sie in wenigen Stunden als "geballte Ladung" umsetzen zu wollen.

Wiederholen von bekanntem

Bekanntes und **gekonntes** ist **häufig** zu **wiederholen** und zu **variieren.** So ist m. E. der Begriff **Wassergewöhnung** irreführend, weil diese **nie abgeschlossen** ist. Es muß im Schwimmunterricht **ein** wichtiges **Ziel** sein, diese weiter voranzutreiben, stetig zu verbessern und auf immer höheres Leistungsniveau anzuheben. Die Aufgabenstellungen sind so zu verändern, daß sie die richtige "Passung" (= Anforderung der Aufgabe an die individuelle Leistungsfähigkeit) haben.

Materialien

Der **Einsatz** von **Materialien** ist **so** zu **planen,** daß innerhalb einer Schwimmstunde **nicht zu viele verschiedene Materialien** Verwendung finden. Es ist vielmehr zu überlegen, ob sich nicht dasselbe Material auch für die anderen Stundeninhalte eignet. Der Wechsel mehrerer Materi-

alien innerhalb einer Unterrichtsstunde benötigt zu viel Zeit, die anderweitig besser nutzbar ist.

Attraktivität von Schwimmunterricht

Schwimmunterricht mit der angesprochenen Altersgruppe bietet **unendlich viele Möglichkeiten.** Auch bei Grundschülern, die von Klasse eins bis vier durchgängig Schwimmunterricht haben, darf nie Langeweile aufkommen.

Praxisteil

1. Allgemeine Bemerkungen

Die **Beispiele**, insbesondere in den Kapiteln 1-5, sind als **Anregungen** zu verstehen, die sich erweitern lassen. Die Beobachtung von Kindern, die mit und im Wasser spielen und experimentieren, die sich mit gestellten, offen gehaltenen Bewegungsaufgaben auseinandersetzen dürfen, ergeben oftmals viele weitere, gute Anregungen, die man als Erwachsener in sein bestehendes Repertoire einfügen kann.

Viele der aufgezeigten Beispiele eignen sich zur eigenen, **freien Wahl** des **Weges im Wasser**; d. h. straffe Organisationsformen und Wegvorgaben sind weniger gut geeignet. Das Suchen nach eigenen Wegen fordert den einzelnen in seinem Beobachten, Planen und Handeln viel mehr heraus und macht durch häufiges Ausweichen vermehrt Gleichgewichtsreaktionen erforderlich.

Nur solche Aufgaben sollten in **straffe Organisationsformen** eingebunden werden, die bei selbstgewähltem Weg **unfallträchtig** sind,

wie z. B. das "Flipper"springen rückwärts, oder wenn andere durch Kreuzen des Weges den **Lernprozeß** erheblich **stören**, wie z. B. beim Lernen von Schwimmtechniken.

Für viele Aufgabenstellungen ist es wünschenswert, **dieselbe Aufgabe** in **unterschiedlichen Wassertiefen** erproben und erfahren zu lassen, wenn dies durch die Schwimmbadsituation möglich ist. Das Optimum dbzgl. bietet ein Schwimmbad mit Hubboden, der in der Regel zwischen 30-180 cm in unterschiedlichen Stufen verstellbar ist. Bei Aufgaben zum Gehen, Laufen und Hüpfen beeinflußt die Eintauchtiefe des Körpers das Auftriebsverhalten. Dadurch muß die Bewegung der Situation angepaßt werden. Laufen im knietiefen, im hüfttiefen, im brusttiefen und im halstiefen Wasser auszuführen, bewirkt koordinative Adaptationsprozesse. Variables Einsetzen der gleichen Bewegung unter veränderten Bedingungen macht diese sicherer und besser verfügbar.

◆ ◆ ◆

In den folgenden Praxiskapiteln sind die Aufgaben mit • gekennzeichnet. Um darzustellen, für welchen Altersbereich die jeweilige Aufabe geeignet ist, wurden folende Kennzeichnungen gewählt:

- •   geeignet für Kindergarten und Grundschule;
- •1 geeignet für Kindergarten;
- •2 geeignet für Grundschule;
- •(1) für Kindergarten nur mit Einschränkung geeignet.

2. Bekannte Fortbewegungen ins Wasser übertragen

Gehen und Laufen

- Sich **vorwärts / rückwärts / seitwärts** mit **wechselnden Geschwindigkeiten** durchs Wasser bewegen. **Ohne** und **mit Einsatz** von **Armen** und **Händen**. Selbst nach verschiedenen Möglichkeiten des Arm- und Handeinsatzes suchen.

- **Zu zweit** nebeneinander mit Handfassung / hintereinander mit Hand-Schulter-Kontakt in unterschiedlichen Geschwindigkeiten sich durchs Wasser bewegen.

- Zu zweit hintereinander **"Schatten"gehen** / **-laufen**, ohne Zusatzbewegungen.

- •2 **"Blinder und Blindenführer"**: Zu zweit hintereinander mit Körperkontakt. Der "Blinde" (geschlossene Augen) wird von seinem sehenden Führer sicher durchs Wasser gelenkt. Die einzelnen Paare nach eigenen weiteren Lösungen suchen lassen.

- •2 **"Der Herr und sein störrischer Esel"**: Einen anderen gegen dessen Widerstand durchs Wasser schieben. Der "Herr" kann seine Aufgabe gehend / laufend (oder schwimmend) zu bewältigen versuchen.

- •2 Einen **Partner** vorwärts / rückwärts / seitwärts gehend / laufend / (hüpfend) durchs Wasser **tragen**.

- In **Gruppen** als "Schlangen" / "Ketten" sich durchs Wasser bewegen.

- •(1) In **Kreisaufstellung** mit Handfassung: Den Kreis nach rechts und links drehen. Erproben, wie schnell der Kreis sich drehen läßt.

Auch mehrere Kreise ineinander in gleicher / entgegengesetzter Bewegungsrichtung. Auf Signal eine Richtungsänderung durchführen.

•(1) **"Verfolgungsrennen"**: A versucht B im Wasser davonzulaufen, während B die Aufgabe hat, möglichst nahe, aber ohne Körperkontakt, hinter A zu bleiben.

•2 **"Das wildgewordene Pferd"**: B steht hinter A und hält ihn mit beiden Armen in Bauchhöhe fest. A versucht B mit nach vorne zu ziehen, während B beide am Ort festhalten will.

Regel: B darf A nicht vom Boden abheben.

Hüpfen:
Beid- und einbeinig

• Mit **kleinen / großen** Sprüngen **vorwärts / rückwärts / seitwärts** durchs Wasser hüpfen.

• Hüpfen **am Ort** und sich dabei **um** die **Längsachse drehen**. Nach rechts und links; mit kleinen und großen Drehungen.

• Hüpfen am Ort und **riesengroß** werden. Später **riesengroß** und **zwergenklein** verbinden.

• In kleinen **Gruppen** durchs Wasser hüpfen. Hintereinander, die Hände auf den Schultern des Vordermannes: **Vorwärts / rückwärts / seitwärts**.

2 Zusatzaufgaben bewältigen, wie z. B. gemeinsam untertauchen.

•2 **"Schoßsitzen"**: Die ganze Gruppe bildet einen Kreis. Jeder steht so im Kreis, daß z. B. seine rechte Schulter zur Kreismitte zeigt. Die Hände auf die Schultern des Vordermannes legen und sich auf die Oberschenkel des Hintermannes setzen.

Gelingt diese Aufgabe, dann anschließend **hüpfend** den **Kreis** vorwärts / rückwärts **bewegen**.

Die Mehrzahl der Aufgaben zum Gehen und Laufen können auch in der Fortbewegung Hüpfen angeboten werden.

3. Ans Wasser gebundene Bewegungen kennenlernen

* Wie der "Flipper" (= Delphin) **vorwärts** durchs Wasser springen. Während des Springens und Eintauchens sind die Arme zum Schutz des Kopfes nach vorne gestreckt.

Zusatzaufgaben:

(1) Wie erreicht der "Flipper" mit den Händen den Bekkenboden? Die **Wassertiefe** muß **mindestens 90 cm** betragen.

2 Kann der "Flipper" auch **rückwärts** springen? Diese Aufgabe aus Gründen der Sicherheit nur in **straffem Organisationsrahmen** durchführen: Kein Durcheinander, kein Gegeneinander.

(1) **Hechtsprünge seitwärts** (wie der Torwart beim Fußball) nach rechts und links. Die Arme sind zum Schutz des Kopfes nach vorne gestreckt.

Zusatzaufgabe: Versuchen, mit den Händen den Beckenboden zu erreichen

---

Raum für eigene, weitere Eintragungen

4. Materialien für das Wasser

Das **materiale Angebot** für das Wasser ist heute sehr **reichhaltig**. In vielen öffentlichen Bädern, vor allem sog. Erlebnisbädern, stehen verschiedenste Materialien für die Benutzung während des öffentlichen Badebetriebes bereit. Das Argument der Verschmutzung des Wassers durch solche Materialien ist keinesfalls stichhaltig, vorausgesetzt, sie werden nur im Schwimmbad verwendet.

Gewisse Probleme können sich bei der Lagerung ergeben, da in der **Raumplanung** vieler Hallenbäder die Lagerung von Geräten nicht oder in nicht ausreichendem Umfang eingeplant wurde.

Schwimmen im öffentlichen Hallenbad heißt auch heute noch vielerorts schwimmen in Längsrichtung. Mit derartigen Organisationsstrukturen und Reglementierungen lassen sich heute kaum mehr Kinder zum Besuch von Hallenbädern motivieren. Sie benötigen andere Angebote und Möglichkeiten.

Die folgende Auflistung an Geräten erhebt keinen Anspruch auf Vollständigkeit, möchte aber auf die breite Palette aufmerksam machen.

Autoschläuche

Sie sind am billigsten gebraucht beim Reifenhändler zu bekommen.

Bälle

in verschiedenen Variationen: Luftballons, Rundballons, leichte Wasserbälle, Bälle aus Kunststoff, mit salzhaltigem Wasser gefüllte Bälle ("Unterwasserbälle").

Schüsseln, Eimer und Wannen

aus Kunststoff in unterschiedlichen Größen, Formen und Farben.

Haushaltsschwämme

Schwimmbretter / Surfboards

in unterschiedlichen Größen und Stärken. Bei der Beschaffung muß darauf geachtet werden, daß die Kanten gerundet sind, das Material wasserabweisend und nicht zu hart ist, aber eine gewisse Biegesteifigkeit besitzt. Greiföffnungen für die Finger sind unnötig; sie begrenzen die Einsatzmöglichkeiten.

Schwimmflossen

Schwimmstege und -matten

rund und rechteckig, in unterschiedlichen Größen und Stärken.

Schwimmreifen

wasserdicht und schwimmfähig.

Schwimmsprossen

Sinkfähige Materialien

zum Tauchen.

Stand-up-Reifen

zum Durchtauchen. Durch Anhängen von Gewichten und Auftriebskörpern können sie auf unterschiedliche Wassertiefe gebracht werden.

Mit Luft gefülltes Verpackungsmaterial;

dies ist billiger als Schwimmatten, aber auch nicht so haltbar.

Wasserlaufwege

Wasserspielklötze;

schwimmfähig und in verschiedenen Formen und Farben.

Saugheber und Gummisauger,

die sich an Beckenwand und -boden festmachen lassen. Sie dienen zum variablen Abtrennen von Bewegungsräumen oder Anbringen von Materialien.

Vor der **Beschaffung von Geräten** ist ein Blick in die **Kataloge** verschiedener Anbieter immer lohnenswert, da die **Preise** für dasselbe Produkt sehr unterschiedlich ausfallen können.

Raum für eigene, weitere Eintragungen

Autoschläuche

Lange Ventile müssen aus Sicherheitsgründen **abgedreht** werden (kein Problem). Der **überstehende Rest** (ca. 2 cm) wird nach Befüllung des Schlauches mit Luft mit **starkem, wasserunlöslichem Klebeband** gut **abgeklebt**.

* **Auf** Autoschläuchen **sitzen / liegen / stehen**. Beim Stehen unbedingt darauf achten, daß der Abstand zum Beckenrand groß genug ist.

* **In** Autoschläuchen **liegen**.

* Autoschläuche in Verbindung **mit anderen Materialien**, z. B. Schwimmbrettern, Schwimmsprossen, Wannen, Matten, verwenden.

* **(1) Autoschläuche als Boote** und **Schwimmsprossen als Paddel** einsetzen. Diese Kombination eignet sich sehr gut auch für Platzwechsel- und Fangspiele, sowie Staffeln. Sie bietet sich besonders für Kleingruppen an (3er-, 4er-Gruppen mit jeweils einem Schlauch, jeder hat ein Paddel).

* **2 Vom Wasser** aus **in** Autoschläuche **springen**.

* **In** und **durch** Autoschläuche **tauchen**.

* **Vom Beckenrand in** Autoschläuche **springen**. Auf ausreichende **Wassertiefe** achten.

Die Möglichkeiten des Springens auf ihre Gefährlichkeit überprüfen. **Nicht alles gestatten! Vorsicht bei kopfwärtigem Springen** durch Autoschläuche hindurch vom Rand aus: Die Wassertiefe muß mindestens 1,8 m betragen (Beispiele im Praxisteil, Kapitel 7).

Bälle

Alle Aufgaben sollten mit **verschiedenen Bällen** erprobt werden. Aus den daraus gewonnenen Erlebnissen und Erfahrungen lassen sich Erkenntnisse über Ballbewegungen und angepaßte Bewegungshandlungen ableiten. Kinder stellen dadurch fest, daß nicht alle Bälle für alle Aufgabenstellungen gleich gut geeignet sind.

* **2** Bälle **zum Beckenboden** transportieren. Kinder sollen im Experimentieren selbst herausfinden, mit welcher Ballart die Aufgabe besonders einfach, mit welcher überhaupt nicht zu lösen ist. Sie sollen erproben, wieviele Bälle der einzelne zugleich zum Beckenboden transportieren kann.

* Sich mit einem **unter Wasser gehaltenen Ball fortbewegen** (die Bemerkungen zu den vorangegangenen Aufgabenstellungen haben auch hier Gültigkeit).

- Bälle **unter Wasser drücken und loslassen.** Später Zusatzaufgaben lösen.

- Versuchen den **auf dem Wasser liegenden** Ball **wegzukicken.**

- •(1) Den Ball **in die Luft werfen** und **auffangen / wegfausten / wegköpfen / wegkicken.**

- •2 **Auf** einen Ball **liegen / sitzen / stehen.** Vergleiche ziehen zwischen verschiedenen Bällen und Schwimmbrett bei gleicher Aufgabenstellung.

- **Zu zweit / dritt / viert** mit einem Ball **spielen.**

- •(1) **Kleine Spiele** mit Bällen organisieren (Beispiele siehe Praxisteil, Kapitel 5.4).

- Bälle zum **Springen ins** Wasser einsetzen (Beispiele siehe Praxisteil, Kapitel 7).

Schüsseln, Eimer und Wannen

- Schüsseln, Eimer und Wannen **mit Wasser füllen** und **zum**

Sinken bringen. Welche Materialien eignen sich zum Befüllen?
Gruppenwettbewerb: die eigene Wanne möglichst schnell versenken. Welche Gruppe schafft dies in kürzester Zeit?

- Umgedrehte, am Beckenboden liegende Wannen als **Sprungplattform** benutzen.

- **Unter umgedrehten, an der Wasseroberfläche schwimmenden** Wannen **sein.** Darin Geräusche erzeugen.

- **In umgedrehte, an der Wasseroberfläche schwimmende** Wannen tauchen und darin Luft holen.

- **Auf dem Beckenboden stehende** Wannen als **Behältnisse** für **Tauchspiele** verwenden.

- **In** einer Wanne **sitzen** und versuchen, das **Gleichgewicht** zu **halten.**

- 2 **Später** die **Hände** / eine **Schwimmsprosse als Paddelhilfe** benutzen.

Abb. 4:
In einer Wanne sitzen, das Gleichgewicht halten und sich mit Paddeln fortbewegen.
Das Bild zeigt einen 7jährigen Jungen.

Haushaltsschwämme

- Mit dem nassen Schwamm **sich selbst** und **andere waschen.** Diese Spiele lassen sich auch im Duschraum durchführen.

- Mit dem nassen Schwamm **Wasser spritzen.**

- Den nassen Schwamm als **Fluggerät** verwenden. Aufgaben, die mit Bällen gemacht werden können, lassen sich auch mit Schwämmen durchführen. Kleine Spiele sind ebenfalls möglich.

- Nasse Schwämme eignen sich hervorragend für "**Wasserschlachten".**

Schwimmbretter / Surfboards

Wenn Schwimmbretter die eingangs dieses Kapitels erwähnten Gütekriterien erfüllen, sind sie für den Schwimmunterricht sehr **vielseitig einsetzbar.**

- Mit dem Schwimmbrett **Wasser spritzen.**

- Mit dem Schwimmbrett **Wellen erzeugen.** Nach verschiedenen Möglichkeiten der Wellenerzeugung suchen.

- Durch Wellenerzeugung mittels Schwimmbrett **Materialien,** z. B. Bälle, **durchs Wasser treiben.**

- Das **unter der Wasseroberfläche gehaltene** Schwimmbrett auf verschiedene Arten **bewegen.**

- (1) Sich in **unterschiedlichen Geschwindigkeiten** mit dem **unter der Wasseroberfläche** gehaltenen Schwimmbrett durchs Wasser **bewegen.** Verschiedene Stellungen des Schwimmbrettes erproben und die Wirkungen erfahren und erkennen.

- 2 Im stehtiefen Wasser **beim Vorwärtsgehen** das Schwimmbrett mit und ohne Festhalten **hinter sich mitziehen.** Dabei feststellen, daß das Schwimmbrett auch ohne Festhalten hinterherschwimmen kann.

- Das Schwimmbrett **unter Wasser drücken** und **loslassen.** Nach verschiedenen Lösungen suchen und die unterschiedlichen Wirkungen erleben, erfahren und erkennen.

- Das Schwimmbrett **zum Beckenboden transportieren.** Erproben wieviele Schwimmbretter der einzelne Schüler zugleich bewältigt.

- Das Schwimmbrett **zum Springen** ins Wasser verwenden (Beispiele im Praxisteil, Kapitel 7).

Auf dem Schwimmbrett sitzen

•2 Sich nach Erhalt des Gleichgewichtes **vor-** und **rückwärts bewegen.** Nach verschiedenen Möglichkeiten des Armeinsatzes suchen.

Wird diese **Aufgabe sicher gemeistert**, können **Fangspiele, Platzwechselspiele** und **Staffeln** in dieser Fortbewegung gut organisiert werden.

•2 **Kreiseln**

Beide Aufgaben können später auch in Kombination mit einer Schwimmsprosse als Paddel erprobt werden.

•2 **Zu zweit hintereinander, jeder** sitzt **auf seinem Schwimmbrett.** Der hintere Schüler legt seine Füße auf die Oberschenkel des vorderen. Sich **als Tandem fortbewegen** (siehe Abb. 5).

Die Aufgaben im Sitzen lassen sich **auch im nicht-stehtiefen Wasser** problemlos umsetzen.

Abb. 5:
Das Bild zeigt zwei 8- und 9jährige Jungen.
Jeder sitzt auf einem Schwimmbrett. Der hintere hat seine Füße auf den Oberschenkeln des vorderen. Als Tandem durchs Wasser "fahren".

◆ ◆ ◆ ◆

Auf dem Schwimmbrett liegen

In Bauchlage
im stehtiefen und nicht-stehtiefen Wasser.

•(1) **Ruhig liegen**

•(1) Sich **vorwärts** und **rückwärts bewegen** und unterschiedliche Armbewegungen erproben.

•(1) **Kreiseln**

•2 Sich **zu zweit als Tandem** mit **Körperkontakt** hinter- und nebeneinander fortbewegen. Jeder liegt auf seinem Schwimmbrett. Die Situation "Hintereinander" ist auch zu dritt und viert möglich.

In Rückenlage
im stehtiefen und nicht-stehtiefen Wasser.

- Auf dem Wasser liegen und das **Schwimmbrett** mit beiden Händen **vor dem Bauch festhalten**. Den Bauch gegen das Schwimmbrett drücken. Ruhig liegen.

Zwei wichtige **Ausführungshinweise**:
1. Die Ohren sind im Wasser,
2. der Blick ist zur Decke gerichtet.

Später versuchen, sich durch Beinbewegungen fortzubewegen.

- **(1)** Mit dem **Rücken auf dem Schwimmbrett** liegen.

Drei wichtige **Ausführungshinweise**:
1. Die Ohren sind im Wasser,
2. der Blick ist zur Decke gerichtet und
3. Arme und Hände befinden sich im Wasser.

Die Körperlage wird stabilisiert durch Grätschen von Armen und Beinen.
Gelingt das ruhige Liegen, dann **durch Arm-** und / oder **Beinbewegungen vor-** und **rückwärtsschwimmen**.
Unterschiedliche Arm- und Beintätigkeiten erproben.

- **(1) Kreiseln**

- **2** Sich **zu zweit** als **Tandem** hinter- und nebeneinander fortbewegen. Jeder liegt auf seinem Schwimmbrett. Hintereinander ist auch zu dritt und viert möglich.

- **2** Zu **mehreren** einen **Stern legen**. Jeder liegt auf seinem Schwimmbrett.

Auf dem Schwimmbrett knien
im stehtiefen und nicht-stehtiefen Wasser.

- **(1) Kreiseln**

- **(1)** Sich durch **Einsatz** der **Hände /** einer **Schwimmsprosse fortbewegen**.

Auf dem Schwimmbrett stehen
im stehtiefen und teilweise auch im nicht-stehtiefen Wasser.

Diese Aufgaben sind für Kinder im Kindergartenalter in der Regel zu schwierig.

Ist das Wasser hüft-, bauch- oder halstief, sind diese Aufgaben frühestens ab Klassenstufe drei durchführbar. Der wirkende Auftrieb erfordert sehr viel Gleichgewichtsfähigkeit.

- **Ruhig stehen** mit unterstützenden Armbewegungen.

- **Kreiseln**

- Mittels **Arm-** und **Handbewegungen** sich **vor-** und **rückwärts** durchs Wasser **bewe-**

gen. Nach verschiedenen Lösungen selbst suchen.

• **A geht durchs stehtiefe Wasser** und **zieht / schiebt B,** der **auf einem Schwimmbrett** steht, durchs Wasser.

• Im stehtiefen Wasser das **Schwimmbrett nach vorne oben Richtung Wasseroberfläche kommen lassen,** ohne den Kontakt mit den Füßen zum Schwimmbrett zu verlieren.

Dann das Schwimmbrett wieder zum Beckenboden drücken.

Versuchen, ob es auch gelingt das **Schwimmbrett nach hinten oben** Richtung Wasseroberfläche kommen zu lassen.

Mit größeren Schwimmbrettern, sog. **Surf-Boards,** können die Aufgabenstellungen im Liegen, Sitzen, Knien und Stehen auch zu zweit erprobt werden.

Abb. 6:
Das Bild zeigt zwei 8- und 9-jährige Jungen. Jeder steht auf einem Schwimmbrett.

◆ ◆ ◆ ◆

In der Gruppe
gemeinsam Aufgaben mit
Schwimmbrettern bewältigen

•2 Einen **"Berg" aus Schwimmbrettern** mit Partnerhilfe **erklimmen.**
Auf dem "Berg" möglichst lange das Gleichgewicht halten.
Sicherheitsabstand zum Beckenrand beachten !

• Eine vom Beckenrand **ins Wasser gebaute "Straße"** aus Schwimmrettern mit Partnerhilfen **begehen.**

• In der Gruppe mit Schwimmbrettern ein **Floß bauen.**

• Zu zweit / dritt / viert einen anderen, der **mit jeder Hand** und **jedem Fuß auf jeweils einem Schwimmbrett steht,** durchs Wasser transportieren.

Schwimmstege und -matten

Schwimmatten haben für Kinder einen immens hohen Aufforderungscharakter. Je nach Mattenart, Größe und Stärke können sie alleine, zu zweit und in der Gruppe mit solchen Matten im Wasser spielen. Diese eignen sich z. B. zum Draufliegen, -sitzen und -stehen. In flexible Matten können sie sich einrollen oder einrollen lassen.

- **Vom Beckenumgang auf** im Wasser liegende **Matte(n) springen.**

  Aus Sicherheitsgründen darf jedoch nicht alles gestattet werden, und jede Matte muß weit genug vom Beckenrand entfernt sein !

- **Vom Beckenumgang** aus **über** im Wasser liegende **Matten laufen** und dann ins Wasser springen.

- **(1) Mehrere Matten** im Wasser **aufeinanderstapeln.** Nach erklettern dieses "Turmes" kann bei ausreichender Wassertiefe ins Wasser gesprungen werden.

- In Kombination **mit Paddelhilfen** lassen sich **Matten zu Booten umfunktionieren.** Kinder können alleine, mit Partner und in Kleingruppen in einem Boot sitzen. Sie können dieses mit Händen, mit Füßen oder mit Materialien im Wasser bewegen.

2 Es lassen sich **Platzwechsel-** und **Fangspiele** sowie **Paddelstaffeln** organisieren.

- Matten eignen sich hervorragend zum **Spielen in der Gruppe.**

Abb. 7:
Liegen auf einer schwimmfähigen Matte.
Die Hände können zur Vortriebserzeugung eingesetzt werden.

Abb. 8:
Zu zweit auf einer schwimmfähigen Matte sitzen und
Schwimmsprossen als Paddel
zur Fortbewegung einsetzen.

Schwimmsprossen

Dieses Hilfsmittel ist **besonders wichtig für Kinder, die Hemmungen oder Angst vor dem Wasser haben** und keine Bereitschaft zeigen, den Bodenkontakt mit den Füßen aufzugeben. Es stellt ein nicht austauschbares Hilfsmittel dar, wenn mit diesen Kindern der für sie so wichtige Aufenthalt im nicht-steh-tiefen Wasser angebahnt wird. Die Schwimmsprosse **liegt, ohne Kipptendenz zur Seite, sehr stabil im Wasser** und hat **großen Auftrieb.**

Die Schwimmsprosse kann weiterhin eine "**Einstiegshilfe**" in die Erfahrungs- und Lernbereiche "**Kopf unter Wasser**", "**Statischer Auftrieb**" und "**Gleiten**" für diese gehemmten und ängstlichen Kinder sein.

Mehrere Schwimmsprossen lassen sich zu unterschiedlichen "**Bauwerken**" zusammensetzen.

Als **Paddel** in Kombination mit Schwimmbrett oder Matte(n) ist sie für alle Kinder verwendbar.

Ebenfalls genutzt werden kann sie für Erfahrungen zum "**statischen Auftrieb**", "**Wasserwiderstand**", "**Wassergewandtheit**".

Schwimmsprossen sollten heute m. E. zur **Standardausstattung eines Schwimmbades** gehören. Etwa zehn Schwimmsprossen sind ausreichend; es bedarf keines "Gruppensatzes".

Um **Langlebigkeit sicherzustellen**, muß Kindern verboten werden, mit Schwimmsprossen aufs Wasser zu schlagen. Dies macht ihnen erfahrungsgemäß sehr viel Spaß, beschädigt aber im Laufe der Zeit das Material so stark, daß sich die Bohrungen zum Einstecken des Kunststoffrohres derart vergrößern, daß die Auftriebskörper keinen festen Halt mehr haben und vom Rohr rutschen.

Aus **Sicherheitsgründen** ist vor Benutzung im nicht-steh-tiefen Wasser zu überprüfen, ob die Auftriebskörper ganz auf das Verbindungsrohr aufgeschoben sind.

Raum für weitere, eigene Eintragungen

5. Kleine Spiele im Wasser - stehtief -

5.1. Bemerkungen

Viele Kleine Spiele aus dem Sportunterricht lassen sich ohne Probleme ins Wasser übertragen. Es sollten nur **solche Spiele** zur **Anwendung** kommen, bei denen sich möglichst **alle gleichzeitig bewegen müssen.** Manche Spiele lassen sich unverändert übernehmen, andere bedürfen geringfügiger Abwandlungen, wie z. B. Regelanpassungen, um der Situation Wasser gerecht zu werden. Dies hat den großen **Vorteil,** daß **Kinder auf Bekanntes zurückgreifen** können und **keine neuen Spielgedanken lernen** müssen. Weiterhin erfahren und erkennen sie, daß sich viele Kleine Spiele des Sportunterrichtes auch im Wasser spielen lassen.

Spiele sind **so** zu **gestalten,** daß ein **Ausscheiden vermieden** wird. Denn ausscheiden müssen immer die **Schwächsten,** die eigentlich der Bewegung bedürfen und denen zudem durch Ausscheiden stets vor Augen geführt wird, wie schwach sie sind. Es ist allerhöchstens ein kurzzeitiges Verharren im Spiel zu akzeptieren, wie z. B. bei "Steh Bock - Lauf Bock": wer abgeschlagen wurde, bleibt im Spiel und wartet auf Befreiung.

Um Spiele im Wasser **organisieren** zu können, bedarf es einer genügend großen **Wasserfläche** in möglichst stehtiefem Wasser. Auch im nicht-stehtiefen Wasser lassen sich Kleine Spiele durchführen. Ihre Zahl reduziert sich bereits durch die Wassersituation. Hier sind die konditionellen Anforderungen bei weitem größer, so daß Kinder häufig schnell nicht mehr mitmachen können. Hilfsmittel, die hierbei Erleichterung schaffen, sind Schwimmflossen.

Da bei **Kleinen Spielen keine starren Regeln** gelten, besteht die Möglichkeit, **Kinder am Finden der Spielregeln zu beteiligen** oder **ihnen die Gestaltung der Regeln selbst zu überlassen,** wenn sie dazu entwicklungsmäßig in der Lage sind. Die/Der Unterrichtende muß sich jedoch darüber im klaren sein, daß dies zusätzlicher Zeit bedarf und es u. U. aus dem Spiel heraus notwendig werden kann, erstellte Regeln zu verwerfen und zu ändern. Im Kindergarten und in der ersten Grundschulklasse ist dies durch den Entwicklungsstand der Kinder nur eingeschränkt möglich. 9- und 10jährige Kinder können dies leisten.

Übungshelfer und -leiter, die nur mit Schwimmen befaßt sind, müssen sehen, daß sie sich ein Repertoire an Kleinen Spielen, z. B. aus der Literatur (z.B. LANG, 1991) aneignen.

5.2. Platzwechsel- und Fangspiele

✗ "Wer hat Angst vor dem weißen Hai?"
(Abwandlung von "Schwarzer Mann").

Spielbeschreibung:

Ein oder mehrere "weiße Haie" (H) versuchen, die anderen Mitspieler (M) abzuschlagen.

Jeder Durchgang beginnt mit folgendem Dialog:
H ruft/rufen: "Wer hat Angst vor dem/den "weißen Hai(en)?"
M antworten: "Niemand".
H ruft/rufen: "Und wenn ich/wir komme(n)?"
M antworten: "Dann laufen / hüpfen / schwimmen wir davon."
Dieser Dialog sollte von Unterrichtenden ernst genommen werden, da er Sprache und Bewegung miteinander verbindet.

Spieler, die vor Erreichen des vereinbarten Zieles abgeschlagen werden, sind im nächsten Durchgang "weiße Haie".

Spielmöglichkeiten:

• Es fängt bei jedem Durchgang nur **ein "Weißer Hai"**.

• **Jeder Abgeschlagene** wird beim nächsten Durchgang **auch** ein **"Weißer Hai"**.

• Die **Abgeschlagenen** fangen **zu Paaren**.

ⓘ Die **Abgeschlagenen** bilden eine **"Kette" in Handfassung**. Abschlagen können nur die beiden Äußeren mit ihrer "freien" Hand, wenn die Kette geschlossen ist. Den zu Fangenden ist es erlaubt, zwischen zwei "Kettengliedern" hindurchzukommen. Die "Kettenglieder" versuchen, dies zu verhindern.

• Mit **einem / zwei / drei "weißen Haien"** je nach Wasserfläche. Alle **abgeschlagenen Kinder** bleiben am Ort des Abschlages stehen. Sie werden **"Kraken"** (= Helfer der "weißen Haie"). Am Ort stehend können sie ihre Arme und Beine bewegen. Berührung durch eine "Krake" bewirkt, daß der Berührte ebenfalls "Krake" wird.

Die **"Weißen Haie"** sind **optisch** deutlich **sichtbar** zu **machen**. Dies geschieht am besten mittels Bademützen.

Weitere **Veränderungen:**

- Art der **Fortbewegung**
- **Raumgröße**

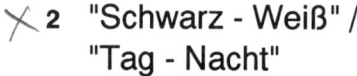

2 "Schwarz - Weiß" / "Tag - Nacht"

Spielbeschreibung:

2 Mannschaften "Schwarz" und "Weiß" bzw. "Tag" und "Nacht" stehen sich in einem Abstand von ca. 2 m (abhängig von der Entfernung der Ziele) gegenüber. Die/Der Unterrichtende oder ein nicht am Spiel beteiligter Schüler ruft laut eine der beiden Farben bzw. Tageszeiten.

Die Spieler der gerufenen Farbe bzw. Tageszeit werden Fänger. Die Spieler der anderen Gruppe fliehen zu ihrem vereinbarten Ziel. Wer vor Erreichen des Zieles abgeschlagen wird, wechselt zur anderen Gruppe.

Spielmöglichkeiten:

- **Ausgangsstellung** (im Wasser begrenzter als in der Sporthalle) - Beispiele:
  - Im Wasser stehen, die Körpervorderseite zeigt zur anderen Gruppe.

- In Hockschwebe mit Gesicht über Wasser.

- **Fortbewegung** - Beispiele:
  - Laufen und rennen
  - Hüpfen
  - Schwimmen

- **Veränderung** des **Zieles**: die Gejagten sind erst dann in Sicherheit, wenn sie auf dem Beckenumgang sitzen.

"Verfolgungjagd zu zweit"

Spielbeschreibung:

A versucht, so nah als möglich hinter B zu bleiben, der ihn "abschütteln" will.

Fortbewegung - Beispiele:

- Laufen und rennen
- Hüpfen
- Schwimmen

"Komm mit - Lauf weg"

Spielbeschreibung:

4-5 Kinder stehen im Kreis, der einen Durchmesser von ca. 3-4 m hat. Ein fünfter bzw. sechster Spieler befindet sich außerhalb des Kreises. Er bewegt sich außen um den Kreis herum und wählt einen Kreisspieler aus. Wenn er hinter diesem ist, ruft er "Komm mit" oder "Lauf weg". Beide müssen eine Runde außen um den Kreis herum machen. Wer als erster den freien Platz erreicht, bleibt dort stehen. Der andere macht weiter.

Spielmöglichkeiten:

- **Anfangs** nur "**Komm mit**".
- **Dann** wird nur "**Lauf weg**" gespielt.
- **Später** werden **beide Möglichkeiten gekoppelt.**

Veränderungen:

- **Fortbewegung** - Beispiele:
  - Frei gestellt
  - Laufen und rennen
  - Hüpfen
  - Schwimmen

- **Informationsvermittlung:** Sprechen / Sehen / Berühren.

- Als **Gruppenspiel:** zu zweit / zu dritt / zu viert hintereinander stehend. Beim Signal bewegt sich die ganze Gruppe. Wer als letzter am Ausgangspunkt ankommt, macht weiter.

Jeder Kreisspieler hat vor sich ein **Schwimmbrett** auf dem Wasser liegen. Dadurch werden die **Plätze markiert.** Der freie Platz ist gut erkennbar. Durch die Bewegungen des Wassers müssen die Schwimmbretter von Zeit zu Zeit wieder an den richtigen Ort gebracht werden.

"Einfaches Fangspiel mit mehreren Fängern"

Spielbeschreibung:

Mehrere Kinder sind Fänger. Wer von einem Fänger abgeschlagen wird, übernimmt dessen Rolle. Es müssen **so viele Fänger** bestimmt werden, daß **alle** Kinder **in Bewegung** sind und ein häufiger Rollentausch stattfindet. Die **Zahl** der **Fänger** hängt ab von **Gruppengröße** und **Wasserfläche.**

Die **Fänger** sind **optisch** deutlich **sichtbar** zu machen. Dies geschieht am besten mittels **Bademützen.**

Veränderungen:

- **Fortbewegung** - Beispiele:
  - Frei
  - Laufen und rennen
  - Hüpfen
  - Schwimmen

- **Abschlagen** ist **nur an bestimmten Körperteilen**, z. B. den Beinen, möglich.

2 "Fangen mit Freimal"

Mögliche Freimale:

- **Untertauchen.** Dabei ist es den Fängern verboten bei Untergetauchten stehen zu bleiben.

- **Hockqualle / Hockschwebe.** Diese Position muß aus dem Erfahrungs- und Lernbereich

"Statischer Auftrieb" (vgl. Praxisteil, Kapitel 9) bekannt sein.

- **Liegen** in **Bauch- / Rückenlage.** Mit den Händen dürfen unterstützende "Paddel"bewegungen gemacht werden.

2 "Steh Bock - Lauf Bock"

Spielbeschreibung:

Mehrere Fänger (die Zahl ist abhängig von Gruppengröße, Leistungsstärke der einzelnen Fänger und Wasserfläche) versuchen die anderen zu fangen.

Wer abgeschlagen wird, steht am Ort des Abschlages mit gegrätschten Beinen und einem erhobenen Arm im Wasser. Abgeschlagene Spieler können befreit werden, indem freie Mitspieler zwischen ihren Beinen hindurchtauchen.

Die **Fänger** sind **optisch** deutlich **sichtbar** zu machen. Dies geschieht am besten mittels Bademützen.

Spielregeln:

- **Während** des **Befreiens** darf **nicht abgeschlagen** werden.
- **Während** des **Befreiens** ist **abschlagen erlaubt.**

2 "A-B-C-Fangen" in Dreiergruppen

Spielbeschreibung:

A fängt B; anschließend wird C von B gefangen. Dann versucht C A zu fangen usw.

Veränderungen:

- **Fortbewegung** - Beispiele:
  - Frei
  - Laufen und rennen
  - Hüpfen
  - Schwimmen

(1) "Der Dritte fängt"

Spielbeschreibung:

Die Gruppe teilt sich in Paare auf. Die Paare verteilen sich im Wasser. Die beiden Partner stehen hintereinander. Ein Paar wird geteilt, der eine wird Fänger, der andere ist zu fangen. Der Gejagte kann sich vor dem Fänger retten, wenn er sich vor ein Paar stellt. Der hintere, dritte wird neuer Fänger; der alte Fänger wird Gejagter.

Variationen:

- **Fortbewegung**
- Die **beiden Partner** stehen **nebeneinander.** Der Gejagte entscheidet, ob er sich links oder rechts an das von ihm gewählte Paar anstellt.
- **Mehrerer Paare** sind gleichzeitig **als Fänger und Gejagte**

unterwegs. Der Fänger darf nur den zugehörigen Partner fangen.
Die Stehenden müssen gut beobachten, welche Paare zusammengehören. Diese Variante kann erst gespielt werden, wenn die Kinder das Spiel sicher beherrschen.

(1) "Wettlauf mit dem Kreis"

Spielbeschreibung:

4-6 Kinder bilden jeweils einen Kreis in Handfassung. Ein anderer Mitspieler, der Fänger ist, befindet sich außerhalb des Kreises. Er sucht sich einen "Kreis"spieler auf der ihm gegenüberliegenden Seite aus, den er einzuholen versucht. Kreis und Fänger dürfen sich nur in dieselbe Richtung bewegen.

Veränderungen:

* **Fortbewegung:**
  * Frei
  * Laufen und rennen
  * Schwimmen

* Dem **Fänger** wird eine **schnellere Fortbewegung** gestattet **als** dem **Kreis**.

2 "Kreisfangen"

Spielbeschreibung:

Wie "Wettlauf mit dem Kreis", jedoch dürfen Fänger und Kreis Richtungswechsel durchführen.

Veränderungen:

* Der **Kreis** bekommt eine **erschwerte Fortbewegung**.

* **Bei gut harmonierendem Kreis** darf der **Fänger versuchen, in** den **Kreis zu gelangen.** Nur dadurch kann es ihm gelingen, seine Aufgabe zu lösen.
  Die "Kreis"spieler müssen dies möglichst verhindern.

2 "Katz und Maus"

Spielbeschreibung:

Ein großer Kreis mit Handfassung wird gebildet. Im Kreis befindet sich eine "Maus"; außerhalb eine/zwei "Katze(n)".
Die "Katze(n)" soll(en) die "Maus" fangen. Der "Kreis" unterstützt die Maus und erschwert die Bemühungen der "Katze(n)".

2 "Das geteilte Paar"
ab Klassenstufe vier

Spielbeschreibung:

Die Gruppe will verhindern, daß sich zwei weit auseinanderstehende Spieler die Hände reichen können.

Die beiden dürfen nicht festgehalten werden. Die Gruppe darf jedoch den einzelnen mit ihren Körpern umschließen. Den beiden ist auch tauchen gestattet. Auch sie dürfen ihre Arme und Hände nicht dazu verwenden, um andere "aus dem Weg zu räumen".

2   "Einmauern"
ab Klassenstufe vier

Spielbeschreibung:

Ähnlich dem Spiel "Das geteilte Paar". Es spielt jedoch einer gegen alle anderen. Dieser hat die Aufgabe, von einer Beckenseite zur anderen zu gelangen.
Die Gruppe versucht ihn "einzumauern".

2   "Habicht - Henne - Küken"
ab Klassenstufe drei

Spielbeschreibung:

5-7 Spieler stehen hintereinander. Der Vordermann wird mit beiden Händen gut an Bauch oder Schulter festgehalten. Ein anderer (= "Habicht") steht vor der Gruppe und will das "Küken" (= letzte(r) der "Schlange") fangen. Die "Henne" (= erste(r) der "Schlange") beschützt mit den hinter ihr Stehenden ihr "Küken".

Spielregel:

Die "Henne" muß ihre Arme am oder hinter ihrem Körper lassen.

Raum für weitere, eigene Eintragungen

5.3. Kleine Spiele im nicht-stehtiefen Wasser

Auch im nicht-stehtiefen Wasser und ohne eine Schwimmtechnik zu beherrschen, können Kinder in dieser Wassersituation spielen und Kleine Spiele machen.

Voraussetzungen sind jedoch

• **Erfahrungen mit dieser Wassersituation** (vgl. Bemerkungen im Theorieteil, Kapitel 1 und 2) und

• das Vorhandensein von **Schwimmflossen**.

Dasselbe Spiel im stehtiefen Wasser ist weniger anstrengend, weil die Bewegungsintensität weitaus geringer ist. Kleine Spiele im nicht-stehtiefen Wasser zu machen, fordert und fördert die Kondition. Durch die relativ hohe Intensität werden Reize gesetzt, die in unspezifischer Form Organsysteme zu Adaptationen zwingen. Bei geringerer Leistungsfähigkeit, wie sie viele Kinder, die keinen Schwimmsport betreiben, im Wasser aufweisen, reichen diese Reize bereits aus, um zu den genannten Anpassungsprozessen zu führen. Diese Reize müssen nur häufig genug wirken.

In dieser Wassersituation muß der **Bewegungsraum begrenzt** werden, um die Belastung nicht zu groß werden zu lassen und um Überlastungen zu vermeiden. Er muß zudem optisch deutlich gekennzeichnet sein.

Dennoch sind die **Möglichkeiten** des Spielens und Kleiner Spiele im nicht-stehtiefen Wasser **beschränkter** als im stehtiefen Wasser.

Beispiele

(1) "Wer hat Angst vor dem weißen Hai"

Spielmöglichkeiten:

• Mit Schwimmflossen

• Ohne Hilfsmittel

• Auf einem Schwimmbrett liegend / sitzend / stehend.

(Hinweise zu diesem Spiel siehe Seite 53.)

2 "Schwarz - Weiß" / "Tag - Nacht"

Spielmöglichkeiten:

(Hinweise zu diesem Spiel siehe Seite 54.)

"Einfaches Fangspiel mit mehreren Fängern"

Spielmöglichkeiten:

(Hinweise zu diesem Spiel siehe Seite 55.)

Raum für eigene, weitere Eintragungen

5.4. Kleine Spiele mit Bällen

"Haltet Eure Seite frei"

Spielbeschreibung:

In einem Spielfeld das durch eine auf dem Wasser liegende Markierung in zwei Hälften geteilt ist, spielen zwei Mannschaften gegeneinander. In jedem Spielfeld schwimmt dieselbe Anzahl Bälle.

Jede Mannschaft wirft die Bälle, die in ihrem Spielfeld liegen, ins andere Spielfeld und versucht, am Spielende möglichst wenig Bälle im eigenen Feld liegen zu haben.

Spielgeräte:

*   Leichte Bälle aus Kunststoff
*   Langsam fliegende Wasserbälle
*   Schwämme

Abtrennung der Felder:

mittels eines auf dem Wasser liegenden Baustellenbandes, dessen Enden mit Saughebern an der Beckenwand festgemacht wurden.

Zusatzaufgabe:

(nicht für Kinder im Kindergartenalter)

Die Mannschaft, die nach dem Signal "Ende" zuerst vollständig auf ihrem zugewiesenen Beckenrand sitzt, erhält Bonuspunkte. Dadurch wird auch das lästige Werfen nach dem Ende-Signal unterbunden.

2 "Tigerball"
ab Klassenstufe drei

Spielbeschreibung:

Organisation möglichst in Vierergruppen: Drei Spieler bilden ein nicht zu großes Dreieck. Sie werfen sich einen Ball zu. Der "Tiger" befindet sich im Dreieck und soll versuchen, den Ball zu berühren. Bei Ballberührung wechselt jener den "Tiger" aus, der für diesen Fehlwurf verantwortlich war.

Spielgeräte:

*   Leichte Bälle aus Kunststoff

*   Langsam fliegende Wasserbälle

*   Schwämme

*   Mit Salzwasser gefüllter Ball aus Kunststoff. Wird der Ball nicht gefangen, sinkt er ab und die Kinder müssen ihm hinterhertauchen.

Notwendige Regel:

Würfe über Kopfhöhe sind nicht erlaubt, weil der "Tiger" sonst kaum mehr die Chance hat, an den Ball zu gelangen.

2 "Kanonenball" / "Sautreiben"

Spielbeschreibung:

Zwei sich gegenüberstehende Gruppen versuchen, einen leichten, großen Wasserball über ein Mal bzw. bis zu einem Ziel zu treiben. Von beiden Seiten aus wird dabei mit kleinen Bällen auf den Wasserball geworfen.

2 "Parteiball"
ab Klassenstufe drei

Spielbeschreibung:

Zwei zahlenmäßig kleine Mannschaften (3-4 Spieler pro Mannschaft) spielen um einen Ball. Die ballbesitzende Mannschaft paßt sich den Ball zu. Die andere versucht ihrerseits den Ball zu erobern und ihn dann in ihren Reihen zu halten.

Die Spieler einer Mannschaft sollten Bademützen tragen. Dadurch können Mit- von Gegenspielern deutlich unterschieden werden.

Spielmöglichkeiten:

*   Spiel in **Überzahl**: Die ballbesitzende Mannschaft hat immer einen Spieler mehr zur Verfügung. Überzahlspieler können bei Kindern im Grundschulalter Schüler oder Unterrichtende sein.
    Später wird das Spiel in Überzahl in das Spielen in Gleichzahl übergeführt.

Punktgewinn:

Ein **Punkt** ist **gewonnen**, wenn z. B. 10 / 20 Zuspiele gelungen sind, ohne daß zwischendurch die gegnerische Mannschaft in Ballbesitz gelangte.

Variationen:

• Ein **sinkfähiger Ball** als Spielgerät zwingt zum Tauchen.

Dieser Ball muß selbst gefertigt werden; dabei wird ein billiger Ball aus Kunststoff mit salzhaltigem Wasser gefüllt.

• **Veränderung** der **Ziele**, in die der Ball gebracht werden muß. Ziele können sein: der Beckenumgang / die Beckenwand / auf dem Wasser schwimmende Ziele, wie z. B. Reifen oder Autoschläuche.

Bei dieser Variante entfällt die Vorgabe bzgl. der Zahl der Zuspiele.

möglichst lange von Wasserberührung fernhalten.

Zwei Mannschaften spielen mit- oder gegeneinander über eine gespannte Leine Wasservolleyball.

2 "Schlagvolleyball"
ab Klassenstufe drei, besser vier

Spielbeschreibung:

Mit Schwimmbrettern (als Schlaggeräte) werden leichte, große, langsam fliegende Wasserbälle durch die Luft bewegt.

Zunächst kann jeder Schüler für sich alleine, dann mit einem Partner und danach in kleinen Gruppen (zu dritt / zu viert) spielen.

Zu zweit und in der Gruppe kann dann die Aufgabe lauten, den Ball

Raum für eigene, weitere Eintragungen

5.5. Staffelspiele

Staffelspiele sind sehr **vielseitig**. Sie können **ohne** und **mit Materialien** durchgeführt werden.

Von jeder Gruppe kann immer nur **einer unterwegs** sein. Aufgaben lassen sich aber auch so stellen, daß **zwei zugleich** die Aufgabe lösen müssen. Es ist aber auch denkbar, Staffelspiele mit **Gruppenaufgaben** zu versehen.

Staffeln können als **Pendel-** und **Umkehrstaffeln** organisiert werden, **ohne** und **mit Hindernissen**.

Dasselbe Staffelspiel kann durch die Art der **Fortbewegung variiert**

werden. Ein bekannter Spielgedanke ist vorhanden (nichts Neues); und der Aufforderungscharakter bleibt für die Kinder erhalten. Die/Der Unterrichtende ist nicht gezwungen, ständig nach neuen Formen suchen zu müssen.

Zum **Finden von Ideen** für Staffelspiele kann die **Gruppe** (Schüler) **miteinbezogen** werden.

Staffelspiele können im **stehtiefen** und **nicht-stehtiefen Wasser** zur Anwendung kommen. Im nicht-stehtiefen Wasser ergeben sich nicht so viele Möglichkeiten, und die Spiele sind erheblich anstrengender (Kondition). Es werden dann Hilfsmittel, wie z. B. Schwimmflossen, benötigt oder fortgeschrittene Leistungsfähigkeit vorausgesetzt, wie z. B. das Beherrschen einer Schwimmtechnik. **Materialien**, wie z. B. Surf-Boards, Schwimmbretter, schwimmfähige Matten sind hervorragend geeignet, um im nicht-stehtiefen Wasser auch mit Kindern, die noch keine Schwimmtechnik beherrschen, aber die Tiefwassersituation erfahren haben und sicher beherrschen, Staffelspiele zu organisieren.

Staffelspiele sind so zu gestalten, daß in **kleinen Gruppen** (3-5 Spieler je Mannschaft) gespielt wird, und ein Spiel erst nach **mehreren Durchgängen** beendet ist. Dadurch läßt sich **Spielintensität sicherstellen**.

Die zu bewältigende **Strecke** darf **nicht zu lang** sein, damit sich häufige Wechsel von Be- und Entlastung ergeben.

Regeln bzw. **Gruppeneinteilungen** sind möglichst so vorzunehmen, daß **leistungsschwache** Mitglieder der Gruppe nicht für eine Niederlage verantwortlich gemacht werden können und dadurch schnell wieder in eine Außenseiterrolle geraten. Leistungsschwache Kinder können z. B. unter **erleichterten Bedingungen** ihre Aufgabe bewältigen dürfen, **leistungsstarke** müssen dagegen **mit Aufgaben-Handicaps** zurechtkommen.

Raum für weitere, eigene Eintragungen

6. Kunststücke im Wasser

Drehen um verschiedene Körperachsen

Diese Aufgabenstellungen sind sehr bedeutsam für die **Orientierung unter Wasser** und stellen eine wichtige Voraussetzung dar für später zu lernende Wenden, insbesondere die Rollwende.
(Weitere Beispiele sind im Praxisteil, Kapitel 8 - 10 zu finden.)

Kopf-unten-Positionen erleben

* **Handstand** im Wasser erproben.

•2 **Zu zweit "Handstand-gehen".** Partner A steht im Wasser. Partner B geht in den Hand-stand und hält sich an den Unterschenkeln von A fest. A faßt die Unterschenkel von B. Beide gehen miteinander durchs Wasser.

Einfache Formen von Kunstschwimmen erproben

* **An** der Wasseroberfläche und **unter Wasser:**

  * Sich durch **Paddeln mit Armen** und **Händen** fortbewegen;

  * in **Bauch-, Rücken-** und **Seitlage;**

  * in **gestreckten** und **gehokkten Positionen;**

  * **alleine, mit Partner** und **in** der **Gruppe** (Beispiele im Praxisteil, Kapitel 9 und 10).

Raum für weitere, eigene Eintragungen

7. Vom Beckenrand ins Wasser springen (fliegen)

Kinder haben in der Regel **viel Spaß beim Springen** ins Wasser. Vermutlich liegt der hohe Aufforderungscharakter im **Flugerlebnis**. Da beim Fliegen der **Vestibularapparat** (= Gleichgewichtsorgan) intensiv stimuliert wird, hat es einen hohen **emotionalen Erlebenswert**.

Springen ins Wasser ist eine äußerst **komplexe Tätigkeit**, die sich zusammensetzt aus den Teilbereichen **am, über, ins** und **unter Wasser**: von einem festen Untergrund wird abgesprungen, der Körper muß im Flug kontrolliert werden, der ganze Mensch taucht ins Wasser ein, muß an die Wasseroberfläche zurückkehren und wieder sicheren Boden erreichen.

Diese Zusammenhänge müssen Unterrichtende kennen, um zu verstehen, weshalb Springen ins Wasser bei Kindern so beliebt ist und ihnen deshalb **immer wieder angeboten** werden muß.

Springen ins Wasser kann aber auch schon vom Beckenrand aus erhebliche **Gefahrensituationen** beinhalten, wenn **unorganisiert** gesprungen wird. Springen als Inhalt des Schwimmunterrichtes darf **nur eingeschränkt offene** und **experimentierende Situationen** gestatten. Die/Der Unterrichtende muß **lehrerzentriert** unterrichten. Kinder haben **klare Verhaltensregeln** zu erhalten, deren Einhaltung zu überwachen ist. Sie **müssen wissen**, von welchem **Ort** sie springen dürfen, **(wie** sie zu springen haben), **wann** sie springen können und was sie **nach** dem **Auftauchen** zu tun haben.

**Springen ins Wasser und die konkreten Inhalte stehen in direktem Zusammenhang zur vorhandenen Wassertiefe.
Wasser muß so tief sein, daß Verletzungsrisiken ausgeschaltet sind.**

Kopfwärts eingetauchte Sprünge vom Beckenrand, ob aus dem Sitzen oder Stehen, bedürfen einer Wassertiefe von mindestens 1,80 m.

An solche Hinweise sollten sich Unterrichtende halten, um Kinder und auch sich selbst zu schützen.

Selbst **fußwärts eingetauchte Sprünge** benötigen eine entsprechende Wassertiefe, die jedoch

wicht bestimmt wird. Sie sollten immer richtig abgefedert werden. Dieses Abfedern ist Kindern zu vermitteln.

Merke:

Besser in tieferes Wasser springen lassen und bei vermeintlich zu geringer Wassertiefe auf den Inhalt "Springen ins Wasser" ganz verzichten.

Beim Springen vom Beckenrand sind folgende **Regeln** den Kindern zu vermitteln; auf deren Einhaltung haben Unterrichtende aus Sicherheitsgründen dringend zu **achten** !

- **Es darf erst dann gesprungen werden, wenn die Wasserfläche am Eintauchort frei ist.**

- **Bei fußwärts eingetauchten Sprüngen muß Richtung Wasser abgesprungen werden.**

- **Immer nur aus dem Stand vom Beckenrand springen.**

- **Nicht "über Eck" springen.**

- **Beim Vorwärtsspringen nicht in der Luft um die Längsachse drehen, um mit den Händen zum Beckenrand greifen zu können (besonders bei noch ängstlichen Kindern zu beachten).**

- **Beim Springen nach hinten nicht zum Beckenrand greifen.**

- **Beim Springen auf Material, wie z. B. Schwimmbrett, muß dieses wenigstens 1 m vom Beckenrand entfernt auf dem Wasser liegen.**

- **Nach dem Auftauchen möglichst schnell zum Ausstiegspunkt schwimmen.**

Mit den Füßen zuerst im Wasser landen - vorwärts und rückwärts

- Mit **Zusatzaufgaben**, wie z. B.
  - um die Längsachse drehen;
  - während des Fliegens Zusatzbewegungen mit Händen und / oder Beinen machen;

- **"Bombe"** ins Wasser machen. Verschiedene Lösungen selbst finden.

- **Hocksprung**

- **Zu zweit mit Körperkontakt** Gemeinsam mit dem Partner nach Lösungen suchen.

- **(1) In Gruppen mit Körperkontakt** Jede Gruppe sucht nach eigenen Lösungen. Als Unterrichtende(r) abwägen, ob die gefundenen Möglichkeiten ungefährlich sind. Gefährliche Lösungen verbieten!

Mutsprünge

- Mit der **Körpervorderseite** / mit dem **Rücken** / **seitwärts zum Wasser stehen**. Mit den Händen weit unten die **Unterschenkel greifen**, das **Kinn zur Brust** nehmen und **sich ins Wasser fallen lassen**. Die Unterschenkel erst nach dem Eintauchen loslassen.

- **2 Derselbe Sprung zu zweit**, jedoch nicht seitwärts stehend. Mit der rechten Hand den linken Unterschenkel des rechts stehenden Partners fassen. Mit der linken Hand den eigenen, linken Unterschenkel festhalten. Der rechts Stehende faßt mit der linken Hand den rechten Unterschenkel seines Partners und mit der rechten Hand seinen eigenen rechten.

Beide Sprünge (alleine und paarweise) sind erst **ab** einer **Wassertiefe** von 1,8 m gefahrlos durchführbar.

- Im **Langsitz längs** der **Beckenwand** auf dem Beckenumgang an der Beckenkante sitzen. Sich seitwärts ins Wasser fallen lassen. **Mindestwassertiefe: 1,5 m.**

Bei älteren Schwimmbecken, deren Beckenumgang höher liegt als die Wasseroberfläche, darf der **wassernahe Fuß nicht in** die **Überlaufrinne** gestellt werden (Verletzungsgefahr für Bein und Fuß!).

Dieser Mutsprung kann **auch zu mehreren** gemacht werden. Alle sitzen ganz dicht **hintereinander**. Jeder, ausgenommen der erste, legt seine Hände auf die Schultern seines Vordermannes. Der letzte läßt sich seitwärts ins Wasser fallen und löst dadurch eine Kettenreaktion aus.

Sprünge mit, über und auf Schwimmbretter

Die Hinweise im Praxisteil, Kapitel 2.4 "Materialien" zu Gütekriterien von Schwimmbrettern beachten!

- Mit **einem / mehreren festgehaltenen Schwimmbrett(ern)** ins Wasser **springen**. Das Brett beim Eintauchen nicht loslassen.

  Wer kann mit möglichst vielen Schwimmbrettern die Aufgabe bewältigen?

- **Über** das **auf dem Wasser liegende Schwimmbrett springen** und mit den Füßen zuerst im Wasser landen.

  Aus **Sicherheitsgründen** darauf achten, daß das **Brett wenigstens 1 m vom Beckenrand entfernt** auf dem Wasser liegt.

- **(1)** Das Schwimmbrett **nach vorne hochwerfen**, springen und versuchen, es **im Flug aufzufangen**.

- **(1)** **Mit** den **Füßen auf** das **im Wasser liegende Schwimmbrett springen**.

  Darauf achten, daß dieses wiederum **mindestens 1 m vom Beckenrand entfernt** ist.

  Diese Aufgabe ist auch mit mehreren aufeinanderliegenden Schwimmbrettern machbar.

2 **Später** versuchen, **nach der Landung auf** dem / den **Schwimmbrett(ern)** so lange wie möglich **darauf stehenzubleiben**.

- **(1)** Das **Schwimmbrett zwischen** den **Beinen / hinter** dem **Gesäß festhalten** und so **ins Wasser springen**.

- **Mit** dem **Gesäß / im Reitsitz auf dem im Wasser liegenden Schwimmbrett landen**. (Abstand Schwimmbrett - Beckenwand beachten!).

Springen mit Bällen

Hierzu sollten **verschiedene Ballarten** zur Verfügung stehen, wie z. B. Bälle aus Kunststoff, langsam fliegende Wasserbälle, Gymnastikbälle, Luftballons, Rundballons, wassergefüllte Luftballons, Tennisbälle, Tischtennisbälle, Schaumstoffbälle. Kinder sollen dadurch über das Erproben und Experimentieren erfahren, erleben und erkennen, welche Bälle sich für diese Aufgabenstellungen eignen, welche nur für bestimmte Aufgaben brauchbar sind, und welche gänzlich ungeeignet sind.

- Den **Ball beim Springen** und **Eintauchen festhalten**.

  Mit wieviel Bällen kann der einzelne die Aufgabe bewältigen?

•(1) Im Flug den Ball fortwerfen / ihn Richtung Hallendecke werfen / ihn wegkicken.

•(1) Den Ball vor dem Abspringen nach vorne hochwerfen und ihn im Flug fangen / fausten / köpfen / kicken.

•2 Den von der/vom Unterrichtenden von außen zugeworfenen Ball im Flug fangen / fausten / köpfen / kicken.

Auf Sicherheitsabstand zur Beckenwand achten!

Das Zuwerfen nicht von Kindern machen lassen, weil sicheres Zuwerfen erforderlich ist und Gefahren abgeschätzt werden müssen!

Kopfwärtiges Eintauchen lernen

Für kopfwärtiges Eintauchen sollte eine **Mindestwassertiefe** von **1,8 m** vorhanden sein. Darauf wurde bereits eingangs dieses Kapitels eingegangen.

Die **Ausgangsstellung** ist **zunächst nahe** der **Wasseroberfläche** und vergrößert sich mit dem Lernfortschritt.

• Aus dem **Kniestand** auf einem **Schwimmbrett**, das ca. 1/3 über den Beckenrand hinausragt und dem Schutz der Unterschenkel dient.

•(1) Aus dem Sitz; die Füße stehen in der Überlaufrinne.
Dieser Aufgabe ist nur sinnvoll durchführbar, wenn der Beckenumgang höher liegt als die Wasseroberfläche.

•2 Aus tiefer Hocke bei weit geöffneten Beinen. Durch die geöffneten Beine hindurch kopfwärts ins Wasser.

•2 Aus dem Stand.

Ausführungshinweise:

Bei allen Aufgabenstellungen sind die **Arme nach vorne gestreckt**, der Daumen einer Hand wird von der anderen festgehalten und die Oberarme berühren die Ohren.

Die Ausgangspositionen Sitz, Hocke und Stand können **in zwei Richtungen gelenkt** werden:

a) Kopfwärtiges Eintauchen in **Richtung Wasserspringen**.
Der Eintauchpunkt liegt nahe dem Absprungpunkt und das Eintauchen erfolgt steil ins Wasser.
Der Kopf befindet sich zwischen den Oberarmen, der Blick ist unter den Armen hindurch zum Wasser gerichtet. Es wird zum Beckenboden durchgetaucht, dabei bleiben Arme und Hände nach vorne gestreckt. Die Muskulatur ist angespannt, um bei Bodenkontakt den Schwung sicher abfangen zu können. Bei den Ausgangsstellungen Hocke

und Stand stehen die Füße ganz auf dem Beckenumgang. **Mindestwassertiefe 1,8 m,** noch besser tieferes Wasser.

b) Kopfwärtiges Eintauchen in **Richtung Startsprung.** Eintauch- und Absprungpunkt liegen so weit wie möglich voneinander entfernt. Der Blick ist über Arme und Hände hinweg zur Wasseroberfläche gerichtet und fixiert einen Punkt auf dem Wasser, der relativ weit vom Absprungpunkt enfernt ist. Das Eintauchen muß in flachem Winkel erfolgen. Bei den Ausgangsstellungen Hocke und Stand greifen die Zehen die Beckenumgangskante, um abstoßen zu können. Die Kinder müssen unbedingt lernen, nach Eintauchen ins Wasser die Arme gestreckt vor dem Kopf zu behalten und so weit wie möglich zu gleiten. Dies ist notwendig, wenn später aus dem Gleiten der Übergang in eine Schwimmtechnik, die in Bauchlage geschwommen wird, erfolgt.

Wird kopfwärtiges Eintauchen Richtung Startsprung gelenkt, müssen die Kinder bereit sein, hinzunehmen, daß durch das flache Eintauchen der Brustbereich anfangs schmerzt. Abhilfe kann ein T-Shirt schaffen, das den härteren Aufprall mindert.

Später müssen sie lernen, durch Senken des Kopfes (= Kinn zur Brust) kurz vor dem Eintauchen diesen härteren Aufprall zu mindern.

Springen mit Autoschläuchen

Beim **Reifenhandel** bekommt man **gebrauchte Autoschläuche kostenlos**, die billigste Bezugsquelle. Vorhandene **lange Ventile** sind aus Sicherheitsgründen unbedingt **abzudrehen**, was problemlos möglich ist. Nach Befüllen des Schlauches (am einfachsten an der Tankstelle) wird die **Öffnung mit einer Ventilverschlußkappe zugeschraubt** und dann **mit stabilem, wasserunlöslichem Klebeband** mehrfach **umwickelt**. Durch diese Maßnahmen sind Verletzungen durch das kurze, überstehende Metallteil (ca. 2 cm) so gut wie ausgeschlossen.

• **Über** den auf dem Wasser liegenden **Schlauch springen** und **mit den Füßen zuerst im Wasser landen.**

Jedes Kind erprobt, wie weit es den Schlauch vom Beckenrand entfernen kann?

• **Fußwärts durch den Schlauch hindurchspringen.** Da "eng" durch den Schlauch gesprungen werden muß, nimmt die Eintauchtiefe zu. Deshalb sollte die **Mindest-**

wassertiefe für diese Aufgabe **1,8 m** betragen.

•**(1)** So **auf** den **Schlauch springen**, daß man **im Schlauch sitzt** und die **Beine über** den **Schlauchrand hängen**.
Der **Schlauch** muß aus Sicherheitsgründen mindestens **1 m Abstand zur Beckenwand** haben.

•**(1)** Im **Reitsitz auf** den **Schlauch springen**.

2 Diese Aufgabe läßt sich dann **auch zu zweit** in Handfassung ausführen: einer springt im Reitsitz auf den rechten, der andere im Reitsitz auf den linken Schlauchteil.
Welches Paar kann auf dem Schlauch sitzen bleiben?
Aus **Sicherheitsgründen** muß auch bei dieser Aufgabe der **Schlauch mindestens 1 m Abstand zur Beckenwand** haben.

•**2** **Kopfwärts über** und **durch** den **Schlauch** hindurch springen.
Kopfwärtiges Eintauchen muß zuvor vorbereitet worden sein.
Die **Mindestwassertiefe** muß beim **Springen über** den **Schlauch 1,8 m**; beim **Springen durch** den **Schlauch ca. 3 m** betragen.

Springen und laufen über Matten

Über schwimmfähige Matten kann man vom Beckenrand aus **gehen** und **laufen**, sowie **um** die **Körperquer-** und **Körperlängsachse rollen**.
Von Matten aus kann **ins Wasser gesprungen werden**.

Vom Beckenrand aus läßt sich in verschiedenster Art und Weise, alleine und zu zweit **auf** schwimmfähige **Matten springen**.
Aus **Sicherheitsgründen** müssen die Matten **mindestens 1 m vom Beckenrand entfernt** sein.

Vorsichtig umgegangen werden muß mit Sprüngen auf Matten, bei denen die Körpervorderseite zuerst Kontakt mit der Matte hat.

Über eine Matte, besser noch über mehrere, hintereinander liegende Matten oder einen Wasserlaufweg, kann man **vom Beckenrand aus laufen** und **rennen** und zur Seite oder nach vorne auf verschiedene Arten ins Wasser springen. Es ist dabei unbedingt darauf zu achten, daß das Ende des Laufweges aus Sicherheitsgründen weit genug vom gegenüberliegenden Beckenrand entfernt ist.
Je nach Art des Springens ins Wasser ist auf **ausreichende Wassertiefe** zu achten.

Schwingen am Tau und sich ins Wasser fallenlassen

Wer die Möglichkeit hat, im Bad über dem Wasser ein Tau so anzubringen, daß vom Beckenrand aus geschwungen werden kann, schafft für Kinder eine äußerst **attraktive Situation** zum Schwingen über dem Wasser mit anschließendem sich ins Wasser fallen lassen.

Wer es schafft, kann vom Wasser aus am Tau hochklettern und sich aus größerer Höhe **ins Wasser fallen lassen**. Je nach lichter Raumhöhe und Wassertiefe muß gegebenenfalls aus **Sicherheitsgründen** eine **Markierung am Tau** angebracht werden, die nicht überklettert werden darf.

Das Tau darf nur über Wasser angebracht sein, dessen Wassertiefe mindestens 1,8 m beträgt. Aus Sicherheitsgründen sind folgende Punkte unbedingt zu beachten:

* **Es darf nur ein Tau vorhanden sein, damit für die/den Unterrichtende(n) die Situation überschaubar bleibt.**

* **Beim Schwingen und Klettern dürfen sich im Aktionsbereich des Taues keine weiteren Personen aufhalten.**

* **Das Tau darf nur so lang sein, daß im Umkehrpunkt die Entfernung zum gegenüberliegenden Beckenrand weit genug ist.**

* **Die Kinder müssen wissen, daß sie nur beim vorwärts Schwingen das Tau loslassen dürfen.**

* **Die/Der Unterrichtende steht grundsätzlich am Ort des Abschwingens.**

Raum für weitere, eigene Eintragungen

8. Der Erfahrungs- und Lernbereich Tauchen

Unter der **Wasseroberfläche sein** und **sich unter** der **Wasseroberfläche bewegen** ist **für Kinder** ein **wichtiger Erlebens-, Erfahrungs- und Lernbereich.** Diese Erlebnisse sind eindrucksvoll und fordern dazu heraus, sie ständig zu wiederholen.

Bei dieser Sichtweise reicht es für Unterrichtende zunächst aus, das Element Wasser und Materialien zur Verfügung zu stellen.
Damit verbunden sind folgende Aufgaben:

- Das **Tun** des einzelnen Kindes **beobachten** und **gefährliche Situationen unterbinden.**

- Demjenigen **Hilfe geben**, der sie anfordert und benötigt.

Merke:

Sich unter Wasser bewegen können und wollen kennzeichnet Sicherheit im und dem Wasser gegenüber.

Jedes Kind, das freiwillig und gern unter die Wasseroberfläche geht, hat mit dem Element Wasser keine Probleme.

Unterrichtende können durch Beobachten den Standort des einzelnen Kindes hinsichtlich seiner Wassersicherheit erkennen.

Die **Bedeutung** des **Unterwasserseins** für die Sicherheit im Wasser läßt folgende **Aussage** zu:

Kindern muß so früh wie möglich und regelmäßig viel Gelegenheit zum Tun unter Wasser gegeben werden.

Das **Gesicht im Wasser** haben und dabei intensiv gegen den Wasserdruck **ausatmen können** ("Blasen blubbern") sowie **ausatmen ins Wasser und einatmen über Wasser miteinander verbinden** können, sind ganz **wichtige Grundlagen** zum sicheren **Lernen von Schwimmtechniken** (auch für Rückenschwimmen) und für ihre **Anwendung beim Schwimmen über längere Strecken.**

Wer dies nicht beherrscht, wird kein guter und sicherer Schwimmer !

Brustschwimmen mit ständig über Wasser gehaltenem Gesicht ist kein richtiges Brustschwimmen und zudem aus orthopädischer Sicht fragwürdig (gänzlich ungeeignet zur Gesundheitsprophylaxe). Auf diese Art darf es Kindern erst gar nicht vermittelt werden!

Gegen den Wasserdruck ausatmen zu müssen aktiviert die gesamte Atemmuskulatur. Unter präventiver Sichtweise, ohne Sinnrichtung Schwimmtechniken, sollte dieses Atemverhalten Bestandteil der **Wassergymnastik** sein.

Wie Kinder, die keine Angst dem Wasser gegenüber haben, zum sicheren und gekonnten Atemverhalten kommen können:

Sich ohne Vorgaben, in offenen Unterrichtssituationen, unter der Wasseroberfläche bewegen.

Gestellte Bewegungsaufgaben unter Wasser lösen

und

ins nicht-stehtiefe Wasser springen.
Dies ist immer mit Untertauchen verbunden.

Durch Ausatmen unter Wasser ("Blasen blubbern") erleben, erfahren und erkennen, daß der eigene Körper ohne Bewegungen absinkt.

Ausatmen unter Wasser und danach einmaliges Einatmen über Wasser rhythmisch verbinden lernen.

Wie Kinder, die Hemmungen / Angst dem Wasser gegenüber haben, möglicherweise zum Tun unter der Wasseroberfläche und zum sicheren und gekonnten Atemverhalten kommen können:

Dieser Weg ist nicht einfach und benötigt verhältnismäßig viel Zeit und Einfühlungsvermögen dem Kind gegenüber. Er muß jedoch gegangen werden, wenn diese Kinder sicher im Umgang mit Wasser werden sollen, damit sie sich in diesem Element wohl fühlen.

Sich frühzeitig im nicht-stehtiefen Wasser bewegen, ohne eine Schwimmtechnik zu können. Geeignete Hilfsmittel verwenden, die bei Lernfortschritten abgebaut werden (siehe Hinweise im Theorieteil, Kapitel 2).

Springen ins nicht-stehtiefe Wasser, anfangs u. U. mit Schwimmflossen.

Ab hier derselbe Weg wie auf Seite 76 beschrieben.

Ausatmen unter der Wasseroberfläche und "Sinkerlebnisse" machen

• **"Blasen blubbern"** ins Wasser.
Anfangs nur mit Mund, dann mit Mund und Nase, schließlich mit dem ganzen Gesicht im Wasser. Das Wasser möglichst lange und intensiv "kochen" lassen".

• Sich **an** einem **festen Gegenstand**, wie z. B.:

• an Ausstiegsleitern;

• an senkrecht stehenden, von Mitschülern gehaltene Besenstielen / Stäben / Leerrohren aus Kunststoff;

• oder am Bein eines Partners

mit den **Händen zum Beckenboden hangeln** und dabei "Blasen blubbern".

Später **Zusatzaufgaben** bewältigen, wie z. B.:

• So lange wie möglich **auf** dem **Beckenboden liegenbleiben**;

• nach Erreichen des Beckenbodens **durch** die **gegrätschten Beine** des **Partners hindurchtauchen**;

• einen / mehrere in Reichweite am Boden liegende(n) **Tauchgegenstand / -stände** mit **heraufbringen**.

Wird diese Aufgabe zu zweit durchgeführt, dann läßt der Stehende später den / die Tauchgegenstand / -stände erst fallen, wenn sein tauchender Partner auf dem Weg nach unten ist. Somit wird dieser gezwungen, während des Tauchens die Augen zu öffnen.

Bei diesen Aufgaben ist darauf zu achten, daß nur die Arme und Hände zum Abwärtshangeln benutzt werden und keine Beinbewegungen erfolgen.

Auf intensives "Blasen blubbern" während des Tauchens sind die Kinder hinzuweisen.

•**(1)** Als "Kapitän" **in "Unterseeboote"** (= große Wannen), die auf dem Beckenboden stehen, **sitzen** und möglichst lange darin sitzenbleiben.

•**(1)** Tauchspiel **"Tunneltauchen"**: Zwei bis sechs / sieben Kinder (je nach Leistungsfähigkeit) stehen mit gegrätschten Beinen dicht hintereinander. Der letzte taucht durch den Tunnel und stellt sich vorne an.

Möglichkeiten zur **Tunneldurchquerung** sind:

• In **Bauchlage** mit dem **Kopf voraus.**

• In **Bauchlage** mit den **Füßen voraus.**

• In **Rückenlage** mit den **Füssen voraus.**
Dabei ist auf zusätzliches Ausatmen durch die Nase hinzuweisen.

• In **Rückenlage** mit dem **Kopf voraus.**
Dabei ist auf zusätzliches Ausatmen durch die Nase hinzuweisen.

•**2** Ausgangsposition ist die **"Hockqualle / Hockschwebe"**.
Sie wird im Praxisteil, Kapitel 9, beschrieben.

Anfangs können Kinder einen schweren Tauchring in ihren Händen halten. Durch dessen Gewicht werden sie zum Beckenboden gezogen. Zum Auftauchen wird der Ring losgelassen.

Durch intensives **"Blasen blubbern"**, ohne Arm- und Beinbewegungen, zum Beckenboden absinken.

In der **Anfangsphase** kann ein **Partner Hilfe** geben. Er drückt den Übenden am Rücken nach unten und läßt nach 3-4 Sekunden los. Dadurch wird der erste, schwierigere Teil des Absinkens leichter bewältigt.

• Aus ruhiger, **gestreckter Bauchlage** nur durch "Blasen blubbern" zum Beckenboden absinken.

Anfangs kann auch bei dieser Aufgabe ein schwerer Tauchring in den Händen das Absinken erheblich erleichtern.

In der Anfangsphase kann ein Partner durch Drücken an Rücken und Schultern das Absinken erleichtern.

Absinken durch "Blasen blubbern" in den Positionen "Hockschwebe / -qualle" und Bauchlage sollten Grundschüler ab Klassenstufe (zwei) drei in einer Wassertiefe von ca. 1,2 m bewältigen.

Bei regelmäßigem und intensivem Üben können Neun- und Zehnjährige den Beckenboden bei 1,8 m Wassertiefe erreichen.

Rhythmisches Verbinden von Ausatmen unter der Wasseroberfläche und jeweils einmaligem Einatmen über Wasser

Diese Erfahrungen sind erst sinnvoll möglich ab Klassenstufe zwei bzw. drei der Grundschule.

Je nach Art des Schwimmbeckens sind für die Aufgabenstellungen folgende Ausgangspositionen möglich:

* Sich im Stehen / im Knien / in der Senkrechten ohne Bodenkontakt (abhängig von Wasser-

tiefe und Körpergröße) **an der Überlaufrinne festhalten.**

* **Stützen** mit den Händen **an der Treppe in Bauchlage.**

* **Stützen in Bauchlage in 30 cm Wassertiefe** (bei Hubboden).

* **Hüpfen am Ort** und dabei im Wechsel **riesengroß mit zwergenklein** (= untertauchen) **verbinden.**

Die Kinder müssen lernen über Wasser nur einmal einzuatmen und danach sofort wieder das Gesicht ins Wasser zu nehmen.

Sie sollen weiterhin lernen, daß das Ausatmen ins Wasser länger dauert als das einmalige Einatmen über Wasser.

Hinweis für Unterrichtende:

Verhältnis Ausatmen : Einatmen = ca. 4 : 1.

Ziel muß es sein, durch häufiges Üben die Kinder in die Lage zu versetzen, zehnmal ohne Unterbrechung dieses rhythmische Verbinden von Aus- und Einatmen problemlos zu bewältigen.

* **"Riesengroß** und **zwergenklein"** läßt sich sehr gut **im nicht-stehtiefen Wasser** (optimale Wassertiefe ca. 1 m mehr als Körpergröße) als sog. **Tauchhüpfen** am Ort durchführen.

Später wird Tauchhüpfen **mit Vorwärtsbewegung**, die durch entsprechendes Abstoßen vom Beckenboden erreicht wird, verbunden.

Aufgaben zum rhythmischen Verbinden von Ausatmen unter Wasser und einmaligem Einatmen über Wasser können (müssen) auch immer wieder **in Verbindung mit Teilbewegungen von Schwimmtechniken** gestellt werden, wenn diese unter dem Gesichtspunkt der

Festigung des Bewegungsablaufes geübt werden. Nach Erreichen des Zieles, z. B. der Beckenwand, muß dieses rhythmische Atmen, z. B. zehnmal, gemacht werden. Danach wird die nächste Wiederholung geschwommen. Dadurch wird das Atemverhalten im Wasser verbessert und erreicht ein immer höheres Leistungsniveau.

Solche Aufgaben dienen auch noch als **aktive Pause**.

Raum für eigene, weitere Eintragungen

9. Der Erfahrungs- und Lernbereich "Statischer Auftrieb": Schweben / liegen / auftreiben im Wasser

Statischen Auftrieb kann man erfahren

- mit Partner(n)

- mit Geräten, wie z. B. Schwimmsprosse, Schwimmbrett, Pull-Buoy, Ball

- ohne Geräte

- in unterschiedlichen Körperpositionen, wie z. B. "Hockschwebe / Hockqualle", Bauch- und Rückenlage

- mit veränderten Stellungen der Extremitäten bezogen auf den Rumpf.

Durch das **Wirken** des **statischen Auftriebes** am eigenen Körper und der Beobachtung bei anderen sollen Kinder erleben, erfahren und erkennen, daß bestimmte **Körperpositionen** sehr gut, andere weniger und weitere ungeeignet zum bewegungslosen Liegen an der Wasserober-fläche sind. Es ist dabei auch wichtig zur **Einsicht** zu kommen, daß dieses bewegungslose Liegen nur bei **angehaltener** bzw. eingeschränkter **Atmung** erfolgreich ist.

Kinder sollten auch lernen, daß diese Situation für den Notfall eine **Überlebenstechnik** darstellt.

Beim Absinken durch Ausatmen (vgl. Praxisteil, Kapitel 8) lernen sie Gegensätzliches: ihr Körper wird durch Ausatmen "schwer" und sinkt in Richtung Beckenboden.

Vielseitige Erfahrungen zum **Schweben** an der Wasseroberfläche tragen dazu bei, Kindern genügend große **Sicherheit** und **Vertrauen dem** Element **Wasser gegenüber** zu vermitteln. Sie müssen deshalb intensiv und immer wieder mit Aufgaben zum statischen Auftrieb konfrontiert werden.

Bedingt durch **Körperbaumerkmale**, die die Lage des Körperschwerpunktes und Volumenmittelpunktes in bezug zueinander bestimmen, können **nicht alle Positionen von jedem Kind beibehalten werden.**

In der Position "**Hockqualle / Hock-schwebe**" **bleiben alle Kinder an der Wasseroberfläche** liegen. **In gestreckter Bauch-** und **Rückenlage gelingt dies** dagegen **nicht allen.** Es können die Beine absinken, und der Körper gerät in Schräglage unterschiedlichen Ausmaßes.

Erläuterung:

Die Ursache liegt darin begründet, daß die mehr in kopfwärtiger Richtung, im sog. Volumenmittelpunkt (VMP), angreifende Auftriebskraft (Kraftwirkung Richtung Wasseroberfläche) und die mehr in fußwärtiger Richtung, im sog. Körperschwerpunkt (KSP), angreifende Schwerkraft (Kraftwirkung Richtung Beckenboden) ein auf den Körper wirkendes Drehmoment erzeugen. Je größer der Abstand beider Punkte zueinander ist, desto stärker wirkt dieses Drehmoment. Die Folgen sind, daß sich der Körper schneller dreht und die Schräglage stärker ausgeprägt ist. Im ungünstigsten Fall wird die Senkrechte erreicht.

Fallen dagegen VMP und KSP zusammen (ein und derselbe Punkt), bleibt der Körper horizontal im Wasser liegen.

Die Beobachtung aller Kinder einer Gruppe beim ruhigen Liegen in gestreckter Bauchlage mit Gesicht im Wasser und angehaltener Atmung verdeutlicht in der Regel das vorhandene Spektrum.

Die **Rückenlage** ist für ruhiges Liegen im Wasser immer **ungünstiger als** die **Bauchlage.**

Das **Körperverhalten beim statischen Auftrieb** kann nicht ohne

Konsequenzen bleiben auf die **Ausführung von Schwimmtechniken.**

Das Wissen um diesen Sachverhalt ist für Unterrichtende wichtig. An dieser physikalischen Tatsache läßt sich so gut wie nichts ändern!

Alle nachfolgend beschriebenen Aufgaben lassen sich sowohl im stehtiefen als auch im nicht-stehtiefen Wasser durchführen.

Liegen im Wasser mit Partnerhilfe

*   **Kreisaufstellung in Handfassung**: jedes zweite Kind legt sich auf den Rücken.

Ausführunghinweise:

Für die **Liegenden**: die Ohren sind im Wasser, alle schauen zur Decke und zeigen den Bauch bzw. die Badehose.

Für die **Stehenden**: die gehaltenen Hände und Arme des rechten und linken Nachbarn im Wasser lassen.

Die/Der **Unterrichtende** ist **bei Bedarf mit im Wasser** und im Kreis dabei. Sie/Er hat die beiden Kinder, die wegen vorhandenen Ängsten ihren/seinen Körperkontakt und unmittelbare Nähe benötigen, rechts und links neben sich an der Hand.

Gelingt das Liegen, **drehen** die Stehenden durch Gehen den

Kreis. Dieses Drehen erzeugt dynamischen Auftrieb, der das Liegen erleichtert.

Später können die Liegenden die **Zusatzaufgabe** erhalten, mit ihren Beinen und Füßen zu "strampeln". Dabei dürfen sie **nicht ins Wasser "sitzen"**.

Sich mit Hilfsmitteln aufs Wasser legen

Schwimmsprosse

Für diesen Erfahrungsbereich sollte die **Schwimmsprosse nur für** diejenigen **Kinder** eingesetzt werden, die anfangs **mit** dem **Schwimmbrett überfordert** sind.

• In **Bauchlage** kann man sich **über** die **Schwimmsprosse hängen**. Dies ist die einfachste und sicherste Art.

  Im **nächsten Schritt** wird sie bei gestreckten Armen **mit** den **Händen festgehalten**.

• In **Rückenlage** kann die **Schwimmsprosse unter** dem **Nacken** liegen. Dabei wird sie mit beiden Händen festgehalten.

  Es ist aber auch möglich, sie **auf** dem **Bauch** mit den Händen **festzuhalten**.

Das **Schwimmbrett** ist für die meisten Kinder der **Einstieg** in diesen Erlebens- und Lernbereich.

Ziel für alle ist es, **ohne Hilfsmittel** auf dem Wasser liegen zu können.

Durch die spätere Hinzunahme von **Pull-Buoy** und **Ball** wird das "Spiel mit dem Gleichgewicht" **erschwert**. Hierbei handelt es sich um koordinationsfördernde Aufgabenstellungen.

Schwimmbrett

• **Mit** dem **Bauch** auf dem Brett liegen. Die Arme sind nach vorne gestreckt, Arme und Hände befinden sich vollständig im Wasser.

  Ausführungshinweise:

  Das Gesicht liegt im Wasser, weil dadurch das Schwimmbrett besser unter dem Körper bleibt und keine zusätzliche Lordosierung der Halswirbelsäule entsteht.

  • Beine und Arme grätschen.

  • Beine und Arme geschlossen halten.

• Das Schwimmbrett in **Rückenlage** mit beiden Händen vor dem Bauch festhalten und den Bauch fest dagegen drücken.

  Ausführungshinweise:

  Die Ohren sind im Wasser; in fußwärtiger Richtung zur Decke schauen.

• Mit dem **Rücken** auf das längs liegende Schwimmbrett liegen.

Ausführungshinweise:

Die Ohren befinden sich im Wasser, und es wird in fußwärtiger Richtung zur Decke geblickt. Die Arme und Hände sind vollständig im Wasser, um größtmöglichen statischen Auftrieb sicherzustellen.

• Die Arme und Hände liegen neben dem Körper.

• Die Arme sind nach hinten gestreckt.

• Die Arme und Beine sind gegrätscht.

• Die Arme und Beine werden geschlossen gehalten.

Ohne Materialien

• **"Hockschwebe / Hockqualle"** heißt, den **Körper klein und rund** zu machen.
Der Rücken ist "rund", und die Beine werden vor dem Körper gebeugt. Die Hände umfassen die Unterschenkel unterhalb der Knie. Der Kopf ist nach vorne gebeugt, und das Kinn berührt die Brust.
Die Luft so lang wie möglich anhalten.

Anfangs kann ein **Partner Hilfestellung** geben, indem er den Liegenden von vorne an dessen

Schultern hält und dadurch Schaukelbewegungen um die Körperquerachse, die beim Einnehmen dieser Position auftreten, unterbindet.

Abb. 9:
zeigt 6- und 7jährige Kinder in der Position "Hockschwebe"

• Die Position **"Hockschwebe"** ohne Hilfe einnehmen und sie **möglichst lange halten.**

• **Partneraufgaben:** Partner A nimmt die Position "Hockschwebe" ein.

Partner B

• (1)**drückt A unter Wasser, läßt** ihn **los und beobachtet,** was ihm geschieht.
A nimmt an sich wahr, was mit ihm passiert.

• (1)**kippt A** nach rechts / nach links **zur Seite,** läßt ihn los und beobachtet, was mit ihm geschieht.

• (1)**dreht A um** die **Körperquerachse** (nach vorne /

nach hinten) und läßt ihn los.

• Die Position **"Hockschwebe" mit Zusatzaufgaben** verbinden, wie z. B.:

•2 sich **um** die **Körperlängsachse drehen** (kreiseln);

•2 sich **zur Seite kippen** lassen und versuchen, sich wieder aufzurichten. Nach rechts und links erproben.

•2 **Rollen um** die **Körperquerachse** (Purzelbäume vorwärts und rückwärts).

Bei diesen Aufgaben sollen die **Kinder selbst herausfinden**, was sie tun müssen, um die gestellte Bewegungsaufgabe lösen zu können.

•(1) Die Position **"Hockschwebe"** in **Rückenlage** einnehmen und erfahren, was geschieht.

Diese **Position** ist **instabil.** Der Körper dreht in die stabile Position in Bauchlage. Die Rückenlage kann nur durch unterstützende Armbewegungen beibehalten werden. Diese Erfahrung machen alle Kinder.

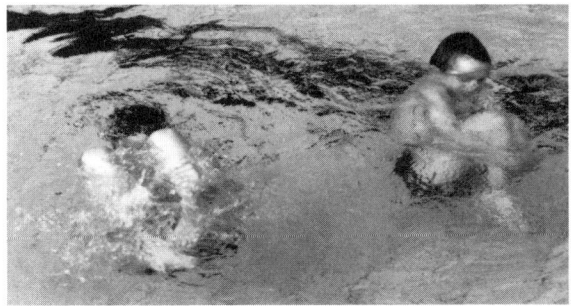

Abb. 10:
Zwei 8- und 9jährige Jungen beim Erleben der "Hockschwebe" in Rückenlage.
In der eingenommenen Position bleiben und wahrnehmen, was das Wasser mit dem eigenen Körper macht.

• 2 Bewegungsaufgabe: "Wie kann man **in** der **"Hockschwebe"** in **Rückenlage bleiben**?
Die Kinder sollen selbst experimentieren.
Die Bewältigung der Aufgabe gelingt nur durch unterstützende Armbewegungen.

Erweiterung der Aufgabenstellung:
Mit welchen Armbewegungen kann die **"Hockschwebe"** in **Rückenlage beibehalten** werden?

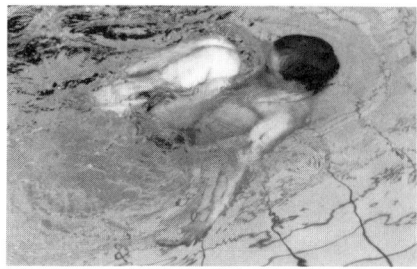

Abb. 11:
8jähriger Junge kann durch Armbewegungen sicherstellen, daß er die "Hockschwebe" in Rückenlage beibehält

• 2 Die **"Hockschwebe" in Rückenlage** einnehmen und durch Armbewegungen **vorwärts** und **rückwärts schwimmen.**
Jeder sucht nach eigenen Lösungen.

• 2 Die **"Hockschwebe"** in **Rückenlage** einnehmen und **kreiseln.**

• **In gestreckter Bauchlage** auf dem Wasser **liegen.**
Durch die erwähnten Körperbaumerkmale ist nicht jedes Kind in der Lage, horizontal auf dem Wasser liegen zu bleiben. Es gibt Kinder, bei denen die Beine absinken und deren Körper in Schräglage gerät. Diese kann von Kind zu Kind unterschiedlich ausfallen.

Ausführungshinweise:
Das Gesicht und die Arme und Hände sind im Wasser. Die Arme sind nach vorne gestreckt.

• Die Arme und Beine sind gegrätscht.
Dies bewirkt eine kippstabile Lage im Wasser.

• Die Arme und Beine sind geschlossen.

• Beim **Liegen in Bauchlage** die **Wirkungen von Veränderungen** der **Stellung von Extremitäten zum Körper** erleben wie z. B.:

• Wie ändert sich das Körperverhalten, wenn die Arme neben dem Körper sind?

• Was geschieht mit dem Körper, wenn die Arme neben dem Körper sind und das Gesicht sich außerhalb des Wassers befindet?

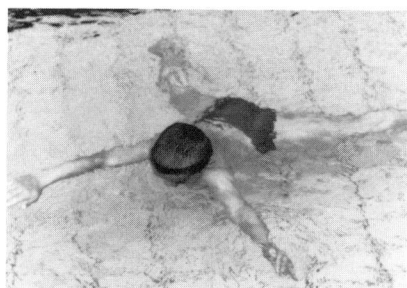

Abb. 12:
Liegen im Wasser in gestreckter Bauchlage mit gegrätschten Armen und Beinen bei angehaltener Atmung

• **In gestreckter Rückenlage** auf dem Wasser **liegen.**

Ausführungshinweise:

Die Ohren, Arme und Hände müssen im Wasser sein. Es wird in fußwärtiger Richtung zur Decke geschaut. Die Arme sind nach hinten gestreckt; Arme und Beine sind gegrätscht. Die Kinder erhalten den Hinweis, den Bauch / die Badehose zu zeigen. Es darf keine Hüftbeugung (= Gesäß tief) vorhanden sein.

Abb. 13:
Ruhiges Liegen in gestreckter Rückenlage bei gegrätschten Armen und Beinen

Veränderungen:

• Die **Arme** befinden sich **neben** dem **Körper** im Wasser.

•**(1)** Die **Arme** werden **nach hinten gestreckt**. Die Arme und Beine sind geschlossen.

•**2** **Ein Arm** wird ganz **aus dem Wasser** genommen.

Die Kinder erhalten den Hinweis, ihre Hand außerhalb des Wassers zu sehen.

•**2** **Beide Arme** werden ganz **aus dem Wasser** genommen.

Die Kinder erhalten den Hinweis, ihre Hände außerhalb des Wassers zu sehen.

Bekanntes verbinden

wie z. B.:

• **Liegen** in **Bauchlage**, dann **drehen** in **Rückenlage** und danach wieder **in Bauchlage zurückdrehen**.

Die Kinder sollen selbst nach Lösungen suchen.

•**(1)** **Aus** der **"Hockschwebe" in** die **gestreckte Bauchlage** kommen und **zurück zur "Hockschwebe"** gelangen.

In jeder Position einige Sekunden verharren. Die Positionen so häufig wechseln wie die Luft reicht.

Die Kinder sollen auch erfahren und erkennen, welche Wirkungen auf das Körperverhalten bei veränderter Armstellung in Bauchlage eintreten, z. B.:

• Die Arme liegen neben dem Körper.

• Die Arme bleiben nach vorne gestreckt.

•(1) **Aus** der **"Hockschwebe" in** die **Rückenlage** und **zurück zur "Hockschwebe"** gelangen.

In jeder Position einige Sekunden verharren und die Positionen so häufig wechseln wie die Luft reicht.

Die Kinder sollen die Wirkungen veränderter Armstellungen auf das Körperverhalten im Wasser erleben und erkennen, wie z. B.:

• Die Arme befinden sich neben dem Körper;

• die Arme sind hinter den Kopf gestreckt und befinden sich ganz im Wasser.

Diese Aufgabe kann auf mehrere Arten gelöst werden.

Die Kinder sollen selbst nach Lösungen suchen.

Gefundene Lösungen werden den anderen gezeigt, die dann diese ihrerseits erproben.

•2 **"Hockschwebe"** - **Bauchlage** - **"Hockschwebe"** - **Rückenlage** - **"Hockschwebe"** - usw. werden miteinander verbunden.

•2 **Alleine** und **mit Partner(n)** nach eigenen **Verbindungen der gekonnten Positionen suchen.**

Jeder / Jedes Paar demonstriert seine Lösungen, die die anderen nachzuvollziehen versuchen.

Raum für eigene, weitere Eintragungen

10. Der Erfahrungs- und Lernbereich "Dynamischer Auftrieb". Gleiten an und unter der Wasseroberfläche

Einen wichtigen Erlebens-, Erfahrungs- und Erkenntnisbereich stellt der **dynamische Auftrieb**, das **Gleiten** im Wasser, dar.

Kinder lernen, daß sie **durch** einen **einmaligen, auf den Körper wirkenden Kraftimpuls** ohne unterstützende Eigenbewegungen eine **Strecke im Wasser zurücklegen** können. Sie erleben und erkennen, daß die Distanz der zurückgelegten Strecke abhängig ist

*   vom Kraftimpuls
*   von der Eintauchtiefe
*   von der Körperlage im Wasser
*   von den Stellungen der Extremitäten zum Rumpf
*   und von der Körperspannung.

Gleiten muß vielseitig vermittelt werden. Schon mit Beginn dieses Lernbereiches müssen **Bauch-** und **Rückenlage parallel** erfahren werden.
Nur bei noch gehemmten Kindern wird anfangs auf die Rückenlage verzichtet.

Nicht gutzuheißen ist, wenn z. B. Gleiten nur auf die Bauchlage beschränkt wird, weil Unterrichtende

als erste sportartbezogene Erfahrung eine in Bauchlage geschwommene Schwimmtechnik vermitteln möchten. Dies würde Gleiten zu einseitig machen und das Wissen um motorische Lernprozesse außer acht lassen.

Kinder sollen weiterhin erfahren, daß **Gleiten mit Zusatzaufgaben** versehen werden kann, die Einfluß auf die Gleitfähigkeit nehmen. Solche Zusatzaufgaben leisten einen **Beitrag zur** noch besseren **Koordinations-** und **Orientierungsfähigkeit im** und **unter Wasser**.

Aus den genannten Gründen sollte ersichtlich werden, daß dem **Gleiten für** die **Entwicklung** der Kinder **im Wasser** eine ebenfalls **wichtige Rolle** zukommt. Unterrichtende dürfen diesen Erlebens-, Erfahrungs- und Lernbereich im Unterricht **nicht vernachlässigen** oder gar ausblenden.

Nahezu alle Aufgaben zum Gleiten müssen in **straffen Organisationsformen** erfolgen, um Unfallrisiken auszuschalten. Gleiten darf **auf keinen Fall im** "Gegenverkehr" organisiert werden. Zudem sind die Kinder aufzufordern, während des Gleitens in Bauchlage die Augen zu öffnen.

Merke:

Bevor Kinder ihre erste Schwimmtechnik lernen, muß Gleiten ein entsprechendes Könnensniveau erreicht haben.

Ohne Erfahrungen mit Gleiten macht es keinen Sinn, eine Schwimmtechnik vermitteln zu wollen.

Selbst für Fortgeschrittene ist Gleiten nie abgeschlossen. Aufgaben in veränderter und erschwerter Form müssen auch hier in den Unterricht integriert werden, um diese Fähigkeit auf ein immer besseres Leistungsniveau zu heben.

Gleiten, verbunden mit Drehungen um Körperachsen, ist auch ein Teilbereich der Orientierungsfähigkeit, insbesondere unter Wasser. Es werden dadurch wichtige Grundlagen gelegt zum späteren Lernen von Wenden, insbesondere der Rollwende.

Der einmalige Kraftimpuls zum Gleiten kann entstehen durch

- einen Partner, von dem man durchs Wasser geschoben oder gezogen wird;

- zwei Partner, die einen dritten zwischen sich hin- und herschieben;

- Abstoß
  - vom Beckenboden;
  - von der Beckenwand;
  - von der Treppe;

- Absprung vom Beckenumgang, wobei nach einer Flugphase kopfwärts ins Wasser eingetaucht wird mit anschließendem Gleiten.

Körperlagen beim Gleiten können sein:

- Bauchlage
- Rückenlage
- Seitenlage.

Gleiten kann erfolgen

* **mit einem Hilfsmittel in den Händen, wie z. B.**

  der **Schwimmsprosse**, weniger günstig, da sie einen hohen Wasserwiderstand erzeugt, aber bei noch vorhandenen Unsicherheiten hilfreich ist.

  dem **Schwimmbrett**;

  mit **Pull-Buoy**;

* **Ohne Hilfsmittel. Dies ist das Ziel für alle Kinder.**

Gleiten ist möglich

* **mit veränderten Armstellungen;**

* **mit veränderten Beinstellungen;**

* **mit veränderter Kopfhaltung;**

* **mit Zusatzaufgaben.**

"Gleit-Situationen"

Sich von einem Partner durchs flache Wasser ziehen lassen

Diese Aufgaben können in freien Organisationsformen durchgeführt werden, d. h. der gehende Partner wählt selbst seinen Weg im Wasser.

* Der **Helfer A** geht vorwärts durchs Wasser.
  (Vorwärtsgehen ist im Wasser sicherer und schneller als rückwärtsgehen. Durch den Einsatz der Arme wird die Fortbewegung schneller. Dadurch entsteht ein größerer dynamischer Auftrieb, der eine bessere Körperlage des Liegenden zur Folge hat).

Der **Partner B** liegt in gestreckter Bauchlage hinter A und hält sich mit den Händen an der Hüfte von A fest.

Hinweise für B:

Die Arme werden ganz gestreckt (sich nicht durch gebeugte Arme an A heranziehen); dabei wird das Gesicht ins Wasser gelegt und ins Wasser ausgeatmet ("Blasen blubbern").

Diese Hinweise gelten grundsätzlich für Gleiten in Bauchlage. Selbst wenn Teilbewegungen von Schwimmtechniken, die in Bauchlage geschwommen werden, durch Üben gelernt und gefestigt werden, dürfen Unterrichtende nicht nachlässig sein, weil das geforderte Ausatmen ins Wasser als wichtiges Merkmal für sicheres und ausdauerndes Schwimmen stetig verbessert werden muß.

Zum **Luftholen** können die Kinder **anfangs hinstehen**. Später muß durch **Anheben des Kopfes** nach vorne / zur Seite (ungünstig, wenn beide Arme nach vorne gestreckt sind) **eingeatmet** werden. Sie müssen lernen, daß sie **immer nur einmal einatmen** dürfen und danach das Gesicht wieder ins Wasser legen müssen.

• Der **Helfer A geht rückwärts** durchs Wasser.
Seine Hände befinden sich unter den Schulterblättern von B, der **auf** dem **Rücken liegt**. Dieser hat seine Arme und Hände neben dem Körper und die Ohren im Wasser. Er schaut in fußwärtiger Richtung zur Decke.

Der gehende Partner A darf den Oberkörper von B nicht aus dem Wasser heben. Er ist darauf hinzuweisen, immer mal wieder nach hinten zu schauen, um Zusammenstöße zu vermeiden. Diese Aufgabe kann, je nach Gruppe, auch nur in straffem Organisationsrahmen gemacht werden.

•2 Der **gehende Helfer A** kann auch **vorwärts durchs Wasser** gehen. Diese Variante ist für ihn einfacher, **für den Liegenden B** sehr viel **schwieriger**, da er seinen Partner mit hinter den Kopf gestreckten Armen an dessen Hüfte festhalten muß und zudem darauf zu achten hat, daß seine Arme und Hände ganz ins Wasser eingetaucht sind. Kann er dies nicht umsetzen, vermindert er den Auftrieb. Dadurch gerät das Gesicht unter Wasser und Wasser läuft ihm in die Nase.

Gleiten mit Schwimmbrett in Bauch- und Rückenlage

• Zunächst gleiten die Kinder **vom Wasser aus**, mit **Abstoß vom Beckenboden, zur Wand**. Der Abstand sollte anfangs nicht mehr als 3 m betragen. Dies gibt Sicherheit und erhöht die Übungsintensität, da zwei Gruppen von der Beckenmitte aus zur jeweils anderen Wand gleiten können; vorausgesetzt die entsprechende Wasserfläche ist vorhanden.

Beim Gleiten in Bauchlage ist auf die **richtige Handhabung** des **Schwimmbrettes** zu achten.
Die Handflächen liegen flach auf dem Schwimmbrett oder sie greifen bei genügend langen Ar-

men über die vordere Kante.des
Schwimmbrettes. Das Gesicht
liegt im Wasser, und es wird ins
Wasser ausgeatmet.

Abb. 14:
Die beiden 8- und 9jährigen Jungen de-
monstrieren die beiden Möglichkeiten der
Handhabung des Brettes in Bauchlage.

In **Rückenlage** gibt es zwei Möglichkeiten der Handhabung des Brettes:

• Es wird **mit beiden Händen vor
  dem Bauch festgehalten,** und
  der **Bauch** wird **gegen** das
  Schwimmbrett gedrückt. Die
  Ohren sind dabei im Wasser,
  der Blick ist in fußwärtiger
  Richtung zur Decke gerichtet.

• Das **Schwimmbrett** liegt **quer
  unter dem Kopf** und wird **mit
  beiden Händen** rechts und
  links außen **festgehalten.**

Abb. 15:
zeigt die beiden Möglichkeiten der Handhabung des Schwimmbrettes beim Gleiten
in Rückenlage.

Der Junge rechts auf dem Bild muß durch
Beinbewegungen, sichtbar mit dem rechten Bein, das Absinken der Beine aus-
gleichen. Auch mit dem Schwimmbrett sinken seine Beine ab und der Körper gerät
in Schräglage.

• Gleiten zur Beckenwand wird
  abgelöst durch **Gleiten weg
  von der Wand** ins "freie" Wasser.

Aus Gründen der Sicherheit darf
keinesfalls im "Gegenverkehr"
geübt werden! Es sei denn, der
Abstand beider Gruppen ist so
groß, daß sich die Übenden
nicht in der Beckenmitte treffen
können.

Haben die Kinder bereits Erfahrungen mit dem Aufenthalt im
nicht-stehtiefen Wasser ge-
sammelt, kann diese Aufgabe

auch in dieser Wassersituation organisiert werden.

Methodischer Hinweis:

Das Schwimmbrett wird jedem Kind nur solange als Hilfsmittel angeboten wie es dieses unbedingt benötigt. Hier muß **differenziert** werden.

Das **Ziel für alle** heißt:

Gleiten ohne Hilfsmittel.

Eine Zwischenstufe vor dem Gleiten ohne Hilfsmittel kann die Verwendung des Pull-Buoys sein. Nur diejenigen Kinder, die ihn benötigen, erhalten einen Pull-Buoy.

Gleiten variieren und mit Zusatzaufgaben versehen

•2 Gleiten in **Seitenlage**.
Von der Beckenwand in Seitenlage abstoßen. **Beide Arme** sind **nach vorne gestreckt**.
Die Seitenlage **links** und **rechts** erproben lassen.

Veränderung:
Der Arm, der dem Beckenboden näher ist, wird nach vorne gestreckt; der andere liegt am Körper; die Handfläche berührt den Oberschenkel.

•(1) **Zum Beckenboden gleiten** in Bauch- / Rücken- / Seitenlage.

Im stehtiefen Wasser darf diese Aufgabe aus Sicherheitsgründen nur in Bauch- und Seitenlage durchgeführt werden.
Die Arme müssen immer gestreckt vor den Kopf genommen werden!

Die Kinder sollen erfahren, daß sie diese Aufgabe nur bewältigen können, wenn sie intensiv ins Wasser ausatmen und die Kopfhaltung (= Kinn zur Brust) zur Steuerung des Körpers stimmt.

•(1)**Während** des **Gleitens**, solange noch Vortrieb vorhanden ist, sich aus der Bauchlage in die Rückenlage **drehen**.

Dieselbe Aufgabe auch in umgekehrter Reihenfolge erproben.

Es ist zu beachten, daß nach dem Abstoß zunächst eine Strecke gleitend zurückgelegt wird, bevor in die andere Körperposition gewechselt wird.

•2 **Während** des **Gleitens** in Bauch- / Rückenlage einen **Purzelbaum machen** und mit dem Restschwung ausgleiten.

Es ist zu beachten, daß nach dem Abstoß, vor der Durchführung der Zusatzaufgabe, zunächst eine Strecke gleitend zurückgelegt wird.

Beim Rückwärtsrollen muß durch die Nase ausgeatmet werden.

Die Kinder selbst erfahren lassen wie sie rollen müssen, um anschließend noch eine kurze Strecke gleiten zu können.

Nach den ersten Erfahrungen die Kinder auffordern, den Purzelbaum möglichst schnell zu machen.

Soll später die **Rollwende** gelernt werden, ist es sinnvoll, die Aufgabe irgendwann folgendermaßen abzuändern: abstoßen von der Beckenwand und in gestreckter Bauchlage gleiten. Während des Gleitens wird die Armstellung im Wasser so verändert, daß sich die Hände neben den Oberschenkeln befinden und die Handflächen zum Beckenboden zeigen. Aus dieser Position wird der Purzelbaum eingeleitet.

Diese Aufgabe erfordert aus Gründen der **Sicherheit mindestens 1,2 m Wassertiefe.**

•2 Während des **Gleitens in Bauchlage** die **Beine** und **Arme grätschen.**

Die Kinder sollen erleben und erkennen, daß diese Körperhaltung zum Gleiten ungünstig ist und nur eine kurze Gleitstrecke zurücklegt werden kann.

•2 Gleiten in **Bauchlage**; die **Arme** liegen **neben dem Körper**; der **Kopf** ist **im Nacken.**

Die Kinder stellen fest, daß die Gleitstrecke recht kurz ist und zudem die Beine absinken.

•2 Gleiten in **Rückenlage:** Dabei **einen / beide Arm(e)** ganz **aus dem Wasser** nehmen.

Die Kinder erhalten den Hinweis, die eigene Hand / eigenen Hände zu sehen.

Bei dieser Aufgabe erleben sie, daß die Gleitstrecke sehr kurz ist und der Körper schnell in Richtung Beckenboden sinkt (Auftriebsverminderung durch die aus dem Wasser genommenen Körperteile).

Gleiten mit Partnern

•2 **Partner A gibt B an** dessen **Fußsohlen** einen **einmaligen Kraftimpuls** zum Gleiten.

Die Aufgabe ist In Bauch- und Rückenlage durchführbar.

• **Zu dritt "hobeln";**

zwei halten den dritten, der in gestreckter Bauchlage zwischen ihnen liegt, an Unterarmen und Unterschenkeln fest. Sie "hobeln" ihn vor und zurück. Der Kontakt an Armen und Beinen bleibt die ganze Zeit erhalten. Die Arme und Beine des "Gehobelten" sind gegrätscht, damit

die "Hobler" diese rechts und links an sich vorbeiziehen können.
Die beiden "Hobler" müssen sich in ihren Bewegungen abstimmen.
Die Aufgabe sollte **erst ab Klassenstufe drei** angeboten werden.

•**2** Wie die vorherige Aufgabe, jedoch stehen die **"Hobler" weiter entfernt voneinander.** A gibt dem Liegenden einen einmaligen Kraftimpuls an dessen Beinen. Dadurch gleitet der Liegende zu B. Dieser fängt ihn an den Händen auf und schiebt ihn zu A zurück.
Der Liegende wird so lange hin- und hergeschoben wie es ihm, ohne Luft zu holen, möglich ist.

Die Aufgabe möglichst nur in Bauchlage durchführen. Sie ist zwar auch in Rückenlage machbar; es dringt dabei viel Wasser in die Nase ein. Dies ist äußerst unangenehm und kann nur durch ganz intensives Ausatmen durch die Nase verhindert werden.

Diese Aufgabe darf **frühestens** in der **Klassenstufe drei** angeboten werden.

•**2** **8-10 Kinder** bilden eine **Gasse.** An einem Ende der Gasse legt sich ein Schüler in Bauchlage in die Gasse. Es wird von den Stehenden ans andere Ende der

Gasse geschoben. Dort reiht er sich in die Gasse ein. Der nächste legt sich in Bauchlage in die Gasse usw.

Den Abstoß von der Wand und das Gleiten qualitativ verbessern

Hinweise:

• Die **Qualität** des **Abstoßes** beeinflußt maßgeblich die **Gleitgeschwindigkeit.** Je besser dieser ist, umso höher wird die Gleitgeschwindigkeit.

• **Gleiten unter** der **Wasseroberfläche** ist **wirkungsvoller** als Gleiten an der Wasseroberfläche.
Kinder müssen dies erleben, erfahren und erkennen.

Dies gelingt erst dann, wenn der Abstoß stimmt, die Kopfhaltung richtig ist und während des Gleitens ins Wasser ausgeatmet wird.

Möglichkeiten zur Erzeugung eines wirkungsvollen Abstoßes zum Gleiten in Bauchlage

Der wirkungsvolle Abstoß für das Gleiten sollte **frühestens** in der **Klassenstufe drei** vermittelt werden.

Ausführungshinweise:

1. Möglichkeit

Mit beiden Händen die Überlaufrinne greifen. Beide Fußsohlen berühren die Beckenwand; die Beine sind in Hüfte und Knie gebeugt. Der Oberkörper befindet sich fast in der Horizontalen. Das Gesicht wird ins Wasser genommen. Die Hände lösen sich vom Beckenrand und werden im Wasser am Körper vorbei vor dem Kopf zur Streckung gebracht. Vor dem Abstoßen muß kurz verharrt werden, da der Körper im physikalischen Sinne träge ist. Dann erfolgt ein kräftiger Abstoß der Füße von der Beckenwand. Während des Gleitens wird ins Wasser ausgeatmet. Durch Ausatmen ins Wasser und die entsprechende Kopfhaltung sollen die Schüler lernen, daß ihr **ganzer Körper unter Wasser gleitet.**

2. Möglichkeit

Beide Hände greifen die Überlaufrinne. Die Fußsohle eines Beines berührt die Beckenwand; dieses Bein ist in Hüfte und Knie gebeugt. Der andere Fuß steht auf dem Beckenboden und wird vor dem Abstoß neben den anderen gegen die Wand gesetzt. Der weitere Ablauf ist wie unter **1.** beschrieben.

Später, jedoch **nicht vor der Klassenstufe vier**, kann eine den Abstoß unterstützende Armbewegung hinzukommen.

Dabei lösen sich die Hände vom Beckenrand; ihre Vorwärtsbewegung im Wasser wird auf Schulterhöhe unterbrochen. Nach einer kurzen Pause bewegen sich Arme und Hände am Kopf vorbei. Die Handflächen sind dabei gegen den Wasserdruck gerichtet. Das Abstoßen muß wiederum so lange verzögert werden, bis gemäß dem Gesetz von Actio und Reactio der Körper, und damit auch die Beine und Füße, intensiv "in die Wand gedrückt" werden.

• **Vorbereitende Übungen**

• in "Hockschwebe" (vgl. Praxisteil, Kapitel 9) durch Armbewegungen erleben und erkennen, daß der Körper nach rückwärts bewegt werden kann.

• In der "Hockschwebe" eine Strecke, z. B. Querbahn, rückwärts schwimmen mit dem Ziel, möglichst wenig Armbewegungen dabei zu benötigen.

• In der "Hockschwebe" durch Armbewegungen den Kontakt der Fußsohlen mit der Bekkenwand sicherstellen und spüren, daß durch jede Vorwärtsbewegung der Arme der Körper in die Wand "gedrückt" wird.

Möglichkeiten zur Erzeugung eines wirkungsvollen Abstoßes zum Gleiten in Rückenlage

Der wirkungsvolle Abstoß für das Gleiten sollte **frühestens** in der **Klassenstufe (drei), besser vier,** vermittelt werden.

1. Möglichkeit

Beide Hände greifen in die Überlaufrinne; beide Fußsohlen berühren derart die Beckenwand, daß Hüfte und Knie stark gebeugt sind. Die Hände werden von der Überlaufrinne gelöst und die Arme neben den Körper ins Wasser gelegt. Der Oberkörper wird in Rückenlage gebracht. Vor dem Abstoßen muß kurz gewartet werden, um eine gute Abstoßsituation zu haben.

Das **Gleiten** kann **anfangs noch über** oder bereits unter der Wasseroberfläche geschehen.

Beim Gleiten unter Wasser ist den Schülern mitzuteilen, daß sie intensiv durch die Nase ausatmen müssen.

Diese Art des Gleitens sollte ein **Zwischenschritt** auf dem Weg **zur Zielform** hin sein.

2. Zielform

heißt: **beide Arme** werden nach dem Lösen der Hände von der Überlaufrinne im Wasser am Körper vorbei **hinter** dem **Kopf zur Strek-**kung gebracht. Vor dem Abstoß von der Wand erfolgt wiederum eine kurze Pause.

Das **Gleiten** erfolgt **unter Wasser**; die Arme bleiben die ganze Zeit gestreckt hinter dem Kopf.

Diese Zielform anzustreben ist wichtig, weil beim Rückenschwimmen nach Start und Wende das Gleiten in dieser Position erfolgen muß und aus dieser Haltung in die alternierende Armbewegung übergegangen wird.

Zudem ist diese Position **Grundlage** des **ersten,** ganz wichtigen **Lernschrittes** der **Armbewegung** des **Rückenschwimmens:** Abschlagschwimmen hinter dem Kopf.

Kopplung von Startsprung / Start und Gleiten

Wurde der Startsprung / Start als Inhalt des Schwimmunterrichtes vermittelt (nicht vor Klassenstufe drei), dann müssen Kinder lernen, daß es wirkungsvoll ist, nach dem Startsprung / Start lange unter Wasser mit nach vorne (Bauchlage) bzw. nach hinten (Rückenlage) gestreckten Armen zu gleiten. Diese Erfahrung und Erkenntnis wird später unbedingt benötigt, wenn Start / Wende mit anschließendem Übergang in eine Schwimmtechnik gekoppelt werden.

Raum für eigene, weitere Eintragungen

11. Sportartbezogene Erfahrungen machen: Schwimmtechniken lernen

11.1. Bemerkungen

Die Vermittlung von **Schwimmtechniken** stellt für das Schwimmen mit Kindern im **Kindergartenalter keinen Inhalt** dar und darf bei Kindern im **Grundschulalter** inhaltlich **nicht zu stark in den Vordergrund** treten (vgl. Abb. 1 im Theorieteil, S. 16).

Das **vielfältige Erschließen** der **Bewegungswelt Wasser** ist weitaus wichtiger. Es wird dadurch auch die solide **Grundlage zum** bestmöglichen **Lernen** von **Schwimmtechniken** gelegt. Unterrichtende, die sich zur Schaffung dieser Grundlage Zeit nehmen, tun Kindern Gutes. Es sollte sich auch jede(r) Unterrichtende im klaren darüber sein, daß Schwimmen, unter nur sportartbezogenen Erfahrungen vermittelt, wohl die monotonste Sportart darstellt.

Mit diesen Bemerkungen soll das Lernen von Schwimmtechniken keinesfalls in Abrede gestellt werden!

Kinder sollen und wollen Schwimmtechniken lernen.

Die entscheidende Frage ist der **Zeitpunkt** zum Erlernen von Schwimmtechniken. Dieser wird häufig viel zu früh gelegt. Oftmals ist es die eigene Biographie der Unterrichtenden, die ihnen "im Weg steht": sie haben das Element Wasser im Schwimmkurs, in der Schule oder im Verein so vermittelt bekommen, daß möglichst schnell mit dem Lernen von Schwimmtechniken begonnen wurde.

So wichtige Themen wie Spielen, Experimentieren, unbeeinflußtes Finden von Lösungen zu gestellten Bewegungsaufgaben und Sammeln vielfältiger Wassererfahrungen waren so gut wie ausgeklammert. In der **Sportdidaktik** hat sich in dieser Hinsicht in den vergangenen Jahren ein **Wandel** vollzogen. Bis solches Wissen jedoch an der Basis seine Umsetzung findet, vergeht oftmals eine lange Zeit. Es darf z. B. einfach nicht sein, daß Kinder die Technik des Brustschwimmens lernen, ohne zuvor Erfahrungen mit statischem und dynamischem Auftrieb, Tauchen und Atemverhalten im Wasser gemacht zu haben. Bei Kindern, die Brustschwimmen nur mit "Gesicht über Wasser" anwenden können und nicht bereit sind, ihr Gesicht ins Wasser zu nehmen, ist vieles fehlgelaufen. In Gesprächen bei entsprechenden Fortbildungslehrgängen mit Lehrerinnen und Lehrern kommen solche Punkte immer wieder zur Sprache. Für nicht wenige Unterrichtende ist es manchmal ein wichtiges, spätes Eigenerlebnis, erstmals an sich selbst Gleiten in Bauchlage mit Gesicht im Wasser, verbunden mit "Blasen blubbern", zu erfahren. Es ist für sie auch sehr eindrucksvoll, wenn es ihnen erstmals gelingt, durch "Blasen blubbern" ihren Körper so schwer werden zu lassen, daß er ohne Bewegungen Richtung Beckenboden sinkt. In begleitenden Gesprächen wird dann dargelegt, weshalb solche Erlebnisse, Erfahrungen und Erkenntnisse für Kinder ganz wichtig sind.

Steht die **Frage nach** der **ersten Schwimmtechnik** an, greifen viele wiederum auf ihre eigene Schwimmbiographie zurück. Dann heißt dies Brustschwimmen. Viele Kinder im Grundschulalter lernen heute immer noch diesen koordinativ anspruchsvollen Bewegungsablauf als erste Schwimmtechnik, der zudem aus orthopädischer Sicht abzulehnen ist. Viele Unterrichtende machen sich meist keine Gedanken über den koordinativen Anspruch dieser Technik und die koordinative Leistungsfähigkeit von Kindern in diesem Altersbereich. Die anspruchsvollste Technik wird als erste vermittelt! Genau die Schwimmtechnik, bei der sich derartige Fehler entwickeln können, wie z. B. die "Schere" in der

Beinbewegung, die später, zudem bewegungsmäßig noch automatisiert, im schulischen Bereich mit seinen organisatorischen Bedingungen kaum mehr beseitigbar ist. Auch viele Übungsleiter in den Vereinen haben sich mit dieser Thematik nicht genügend auseinandergesetzt und gehen damit ebenfalls sehr großzügig um!

Gewährt man **Kindern im Kindergartenalter** den Erfahrungsbereich "nicht-stehtiefes Wasser" (vgl. Theorieteil, Kapitel 1 und 2) zunächst mit und dann ohne Hilfsmittel ohne Bewegungsvorschriften, so ergibt sich zu 100% in Bauchlage ein wechselseitiges Bewegungsmuster, das sog. Hundeln. Das sind eigene Erfahrungen über viele Jahre Unterricht mit Kindern in diesem Alter. Es hat den Anschein, als ob wir Menschen über ein anlagebedingtes Bewegungsmuster zur Bewältigung dieser Wassersituation verfügen. Warum greifen wir dies nicht einfach auf, führen es fort und verfeinern es zum Kraulschwimmen. Hinzu kommt, daß bei dieser Schwimmtechnik weit weniger gravierende Fehler auftreten können wie beim Brustschwimmen. Kraulschwimmen läßt sich jedoch nur sinnvoll lernen und anwenden "mit Gesicht im Wasser" und gut ausgeprägtem Atemverhalten. Hierzu bedarf es entsprechender Vorarbeit. Beim Brustschwimmen kann damit sehr großzügig umgegangen werden: Man kann nämlich Kinder auch "mit Gesicht über Wasser" schwimmen lassen. Dies ist jedoch kein richtiges Brustschwimmen und darf so nicht vermittelt werden.

Auch die stets wiederkehrenden Hinweise in Diskussionen, daß mit **Kraulschwimmen keine Ausdauerleistungen** erbracht werden können, sind **falsch**. Wer das richtige Atemverhalten gelernt hat, kann auch mit dieser Schwimmtechnik ausdauernde Leistungen erzielen. Es ist damit wiederum dieser Erfahrungs-, Erkenntnis- und Lernbereich "Atemverhalten im Wasser" angesprochen.

Auch **ohne Schwimmtechnik** läßt sich im Wasser unter einfachen Bedingungen allgemeine, aerobe, dynamische **Ausdauer trainieren**. Benötigt werden Schwimmflossen und Erfahrungen mit Wechselbeinbewegung in Bauch-, Rücken- und Seitenlage. Durch den Einsatz beider Beine sind mehr als die geforderten $1/7$ - $1/6$ der Gesamtmuskulatur im Einsatz. Beachtet werden müssen die für die Reizsetzung erforderlichen Belastungsdosierungen. **Durch** eine **Schwimmtechnik** die **Ausdauer** im Wasser zu **trainieren, setzt voraus**, daß ein **solides Anwendungsniveau** erreicht worden ist. Kinder mit Brustschwimmen und "Gesicht ständig über Wasser" ausdauernd schwimmen zu lassen, darf und kann nicht sein!

Aus Beobachtungen und vor allem Äußerungen von Kindern ist zu entnehmen, daß sie **Kraulschwimmen** stärker anzusprechen und ihnen

mehr Spaß zu machen scheint. Auch aus motivationaler Sicht ist dies wohl die **kindgemäßere** Schwimmtechnik.

Rückenschwimmen weist eine dem Kraulschwimmen ähnliche Bewegungsstruktur auf. Gleichgültig, ob Kraul- oder Rückenschwimmen vermittelt wird, die Wechselbeinbewegung ist aus lerntheoretischer Sicht vielseitig anzubieten (Bauch-, Rücken-, Seitenlage, Senkrechte). Rückenschwimmen ist aber **keinesfalls** eine **so einfach** zu lernende Schwimmtechnik wie dies häufig beschrieben wird, weil

- bei **richtiger Armführung über Wasser** das **Gesicht keineswegs frei von Wasser** bleibt (Problem der Atmung);

- das so wichtige **Abschlagschwimmen** beim Lernen der Armbewegung in Rückenlage Kindern anfangs erhebliche **Schwierigkeiten bereitet**;

- beim Rückenschwimmen jegliche **Orientierung in Fortbewegungsrichtung fehlt**.

Merke:

Sportartbezogene und normierte Fertigkeiten zu vermitteln bedeutet, auf ein qualitativ gutes Endprodukt hinzuarbeiten.

Um dies zu erreichen, benötigen Kinder viele Erfahrungen mit Wasser und Zeit.

Beim **Lernen von Schwimmtechniken** wird **Kindern nur noch ganz wenig Spielraum zum Experimentieren gewährt,** aber diesen gibt es in Hülle und Fülle in anderen Wassersituationen. Unterrichtende haben sich zwingend **an sportmechanischen** und **lerntheoretischen Kriterien** zu **orientieren.**

Sportmechanische Kriterien bedeuten, daß z. B. gewisse Bewegungsmerkmale zu erarbeiten sind. Im Wasser, bedingt durch seine andersartigen physikalischen Eigenschaften, ist dies von besonderer Bedeutung. Nur dadurch gelingt es, ökonomische Fortbewegungen zu erzielen.

Unter **lerntheoretischen Gesichtspunkten** ist zu verstehen, daß z. B. alle Schwimmtechniken, bedingt durch ihre Komplexität, in sinnvolle Teilbewegungen zu zergliedern sind. Kindern muß Gelegenheit gegeben werden, diese Teilbewegungen intensiv üben zu können. Erst dann ist

es überhaupt möglich, zwei Teilbewegungen richtig zu verbinden. Üben / Wiederholen von Bewegungen ist im übrigen nichts Schlechtes, auch wenn manche dies glauben. Um Fähigkeiten und Fertigkeiten nicht nur im Sport sicher zu beherrschen und sie anwenden zu können, bedarf es des Übens. Einen interessanten Beitrag zu diesem Thema hat BOLLNOW (1974) mit dem Titel "Übung als Weg des Menschen" veröffentlicht. Bei BREZINKA (1986 und 1987) ist ähnliches nachzulesen (Literaturangaben in Kapitel IV).

Unter sportmechanischen und lerntheoretischen Gesichtspunkten werden **in** der **Unterrichtspraxis** oftmals entscheidende **Fehler** gemacht.

Wichtige Folgerungen für Unterrichtende lauten:

- Kindern Schwimmtechniken zu lernen, setzt voraus, daß sie vielfältige Erfahrungen mit der Bewegungswelt Wasser machen konnten.

- Kindern Schwimmtechniken zu lernen, fordert Unterrichtende, weil sie bemüht sein müssen gute Qualität zu erreichen.

- Unterrichtende müssen konsequent zu Werke gehen und oftmals auch zur Bewegungsführung oder - korrektur mit im Wasser sein.

- Die Informationen müssen kindgemäß sein und sind entsprechend ihrer Gewichtung nacheinander zu geben. Die nächste Information darf erst dann erfolgen, wenn die vorangegangene sicher verarbeitet wurde.

- Kindern ist genügend Zeit zum Üben einzuräumen.

Hinweise zu entwicklungs- und / oder bewegungsauffälligen sowie behinderten Kindern

Bei **entwicklungs-** und/oder **bewegungsauffälligen Kindern** sind oftmals bei der **Vermittlung von Schwimmtechniken Abstriche** zu machen. Es hat keinen Sinn, durch starres Festhalten an normierten Gütekriterien diese Kinder motorisch und/oder kognitiv zu überfordern. Die **Orientierung am Kind** mit seinen augenblicklichen **Fähigkeiten** muß im Vordergrund stehen. **Differenzierung** und **Individualisierung** werden von den Unterrichtenden gefordert. Wer viel Eigenerfahrung mit Schwimmunterricht aufweist und Offenheit zeigt, hat im Umgang mit diesen Kindern keine Probleme.

Kinder, die trotz Handicaps in der Lage sind, eine Schwimmtechnik zu lernen, sollen diese auch vermittelt bekommen. Dabei kann es bei einzelnen Kindern notwendig sein, Abstriche an den Gütekriterien der Bewegungen zu machen.

Manche dieser **Kinder**, für die das **Lernen** einer **Schwimmtechnik nicht sinnvoll ist**, kommen u. U. mit einer **"Mischtechnik"** bestens zurecht. Diese koordinativ weniger anspruchsvolle "Mischtechnik" in Bauchlage ist die Wechselbeinbewegung und die Armbewegung des Brustschwimmens.

Kann diese "Mischtechnik" nicht gelernt werden, weil die Beeinträchti-
gungen zu stark sind, dann ist die
**vom Kind selbst gefundene Bewe-
gung** zur Bewältigung nicht-stehtiefen Wassers der einzig richtige
Weg.

Bei noch stärker beeinträchtigten
Kindern, mit z. B. bestimmten Aus-
prägungsgraden cerebraler Bewe-
gungsstörungen, können oft nur
Schwimmflossen die selbständig
entwickelte Bewegung so unterstützen, daß die sichere Fortbewegung
im (nicht-stehtiefen) Wasser gewähr-
leistet ist. Für diese Kinder sind
solche Erlebnisse besonders bedeutsam für ihr Selbständigsein, ihre
Unabhängigkeit von anderen Personen und ihr Selbstwertgefühl. Manche Kinder mit cerebraler Bewegungsstörung, die tagtäglich im Roll-
stuhl sitzen müssen, genießen diese
Situation der Unabhängigkeit. Zudem ist ihr regelmäßiger Aufenthalt
im Wasser eine wichtige präventive
Maßnahme zur Vermeidung von
Beugekontrakturen in den großen
Körpergelenken, vor allem den Hüft-
und Kniegelenken.

Kinder mit Handicaps benötigen
erfahrungsgemäß **noch mehr Zeit**
zur "Verinnerlichung" und zum sicheren Anwenden dieser Bewegungen.

Das folgende Schema zeigt die Möglichkeiten auf, wie Fortbewegungs-
techniken bzw. Modifikationen für sicheres Schwimmen in Abhängigkeit
von individuellen Voraussetzungen
gelernt werden können.

Normierte Schwimmtechnik

|

Mischtechnik,
in der Regel
Wechselbeinbewegung und
Armbewegung des
Brustschwimmens

|

**Eigenständig entwickelte
Bewegung ohne Hilfsmittel**

|

**Eigenständig entwickelte
Bewegung mit Hilfsmittel
Schwimmflossen**

11.2. Die Schwimmtechnik Kraulschwimmen

Bemerkungen

Als grundlegende Elemente des Kraulschwimmens sind anzusehen:

• das im Wasser liegende Gesicht mit intensiver Ausatmung ins Wasser und das auf die Armbewegung abgestimmte Seitwärtsdrehen des Kopfes (und Oberkörpers) zum Einatmen;

• die wechselseitigen Arm- und Beinbewegungen;

• das nahe Vorbeiführen der Arme am Kopf in der Überwasserphase, der sog. "hohe Ellbogen";

• die unter dem Körper bleibenden Hände während der Unterwasserphase;

• und der relativ lange Weg der Hände im Wasser nach hinten.

Kraulschwimmen muß, wie alle anderen Schwimmtechniken, wegen seiner **komplexen Bewegungsstruktur** in **Teilbewegungen zergliedert** und so vermittelt werden. Diese müssen in einer sinnvollen Reihenfolge erlernt werden. Die Koppelung zweier Teilbewegungen darf erst dann erfolgen, wenn jede durch intensives Üben auf Automatisationsniveau gebracht wurde. Für die Zergliederung in Teilbewegungen (TB) sind mehrere Varianten denkbar. Es gibt keinen stichhaltigen Grund, die eine einer anderen vorzuziehen. Die Entscheidung über den Weg obliegt der/dem Unterrichtenden. Diese Möglichkeiten sehen folgendermaßen aus:

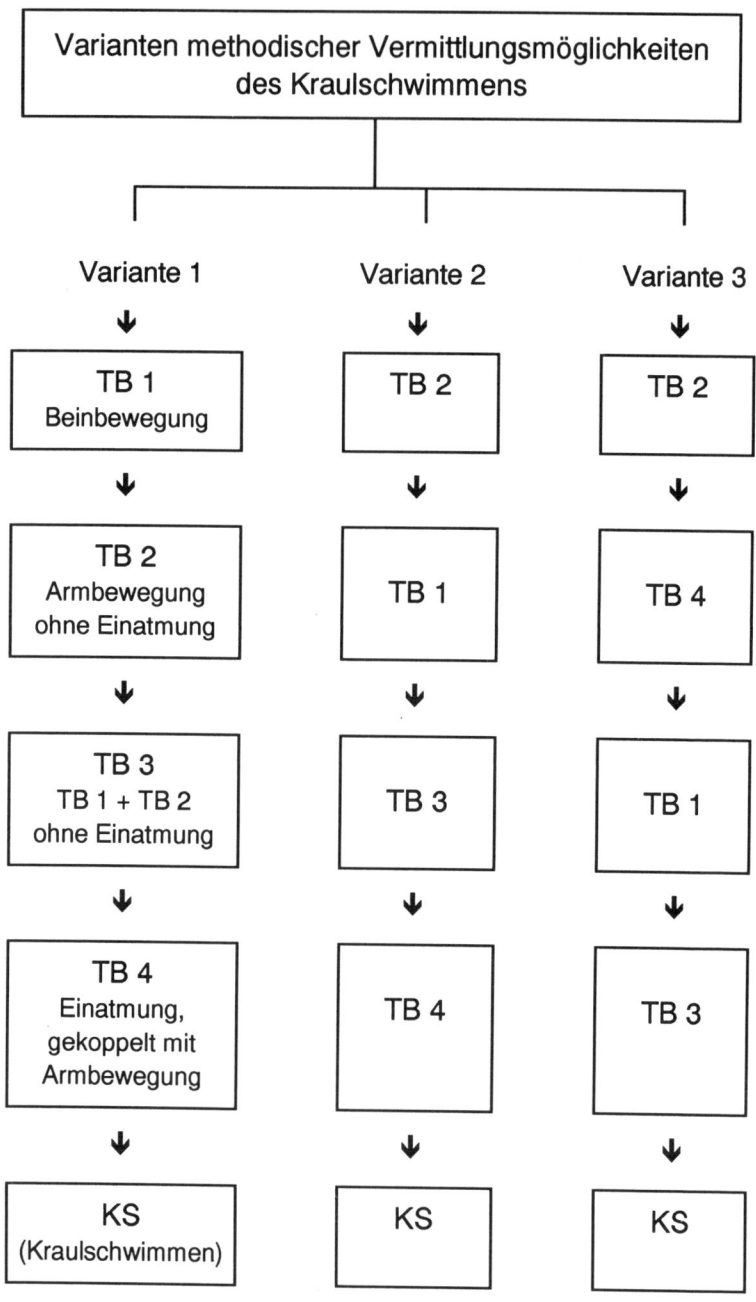

Schwimmflossen können zum Erlernen des Kraulschwimmens **verwendet werden**. Es ist jedoch zu beachten, daß

*   nicht nur mit diesem Hilfsmittel geschwommen wird;

*   Schwimmflossen für manche Teilbewegungen die Lernsituation erheblich erleichtern; bei anderen dagegen nicht benutzt werden dürfen, weil sie das Entstehen fehlerhafter Bewegungsstrukturen begünstigen können (entsprechende Hinweise werden im methodischen Teil gemacht).

Motorisches Lernen

Für das Erlernen des Kraulschwimmens sind einige wichtige Gesichtspunkte zu beachten. Diese gelten teilweise auch für andere Schwimmtechniken.

a) Informationsvermittlung

meint die Wahl des effektivsten Wahrnehmungskanales.
Beim **Kraulschwimmen** sollte **überwiegend** der **visuelle Kanal**, d. h. das Beobachten eines im Wasser demonstrierenden Vorbildes, genutzt werden; Sprache sollte nur begleitend unterstützen.

b) Anwendungssituation

Alle Teilbewegungen sind **im** Anwendungsmilieu **Wasser** und nicht als "Trockenübung" durchzuführen, um die Kinästhetik von Beginn an richtig einzustellen.

Die Bewegungen sind **in der Körperlage** zu vermitteln, in der sie in der **Zielform** auch **angewendet** werden. Dies ist für Schwimmtechniken die Horizontale. Andere Körperpositionen im Raum, wie z. B. die Senkrechte, haben Einfluß auf das Körperschema. Es ist nicht in jedem Fall zu erwarten, daß vom Üben in der Senkrechten zwingend ein Transfer in die Horizontale stattfindet.

c) Gewichtung von Informationen

Die **Aufeinanderfolge** von Informationen für die einzelnen Teilbewegungen ist **nach** ihrer **Bedeutung** vorzunehmen. Wichtiges steht am Anfang; Unwichtiges am Ende einer Informationskette.

Mehrere Informationen zugleich können nicht verarbeitet und in Bewegung umgesetzt werden. Eine zweite Information darf erst dann gegeben werden, wenn sie die erste in der Bewegung nicht stört.

d) Fehlerhaft ausgeführte Bewegungen

müssen gesehen und sofort unterbunden werden. Es gilt der **Grundsatz "Gelerntes sitzt - auch Falsches!"**

e) Üben / Wiederholen von Bewegungen

(Teil)Bewegungen müssen so häufig wiederholt werden, damit sie **Automatisationsniveau** (freie Verfügbarkeit) **erreichen.** Dieser für motorisches Lernen wichtige Gesichtspunkt wird oftmals vernachlässigt!

f) Berücksichtigung der Bewegungsvariation

Unter dem Blickwinkel motorischen Lernens darf dies nicht vergessen werden, sofern es die Situation sinnvoll ermöglicht.

g) Koppeln zweier Teilbewegungen

Zwei für sich gelernte **Teilbewegungen** lassen sich erst **dann koppeln,** wenn beide das Niveau der **freien Verfügbarkeit** erreicht haben.

h) Streckenlängen zum Üben

sind so zu wählen, daß die Lernenden einerseits in einen **Bewegungsrhythmus** hineinschwimmen können (keine zu kurzen Strecken), ohne daß andererseits **konditionelle Faktoren** die Koordinationsfähigkeit negativ beeinflussen (keine zu langen Strecken).
Auf einer 25-m-Bahn eine Bewegungstechnik zu lernen, kann nicht gutgehen, weil die Strecke zu lang ist! Günstige Streckenlängen liegen bei 10-12 (15) m. Unterrichtende ha-

ben sich Gedanken zu machen, wie dies bei ihren räumlichen Gegebenheiten umgesetzt werden kann.

i) Organisationsformen

sind so zu wählen, daß für alle Lernenden eine **hohe Übungsintensität** sichergestellt ist.

k) Differenzierung

Unterrichtende müssen Maßnahmen zur inneren Differenzierung bereit haben, **um leistungsstarken** und **leistungsschwachen Kindern** möglichst in gleichem Umfang **gerecht werden** zu können.

Ein möglicher methodischer Weg zum Kraulschwimmen

Teilbewegung 1: Beinbewegung

Ungünstige Übungsformen

Alle **statischen Übungen**, wie Beinbewegung im Sitzen auf dem Bekkenumgang; im Stützeln an der Treppe; mit Abstützen an der Bekkenwand; im Stützeln auf dem Bekkenboden in ganz flachem Wasser oder indem man von einem Partner durchs Wasser gezogen wird, sind möglich, dürfen jedoch **nicht zu lange** gemacht werden. Sie können nur dazu dienen, die **Bewegung kennenzulernen.** Durch diese Übungen erhalten die Kinder **keinerlei Rückmeldung über** die **Wirksamkeit** ihrer Beinbewegung.

Korrektur fehlerhafter Bewegungen

Eine **radfahrähnliche Beinbewegung** (falsche Bewegungsvorstellung; fehlerhaftes Körperschema) ist sofort durch **Bewegungsführung, Demonstration** oder den **Einsatz** von **Schwimmflossen** zu korrigieren.

• Eine hierfür **hilfreiche Übung** sieht folgendermaßen aus: Im stehtiefen Wasser liegt der Übende in Rückenlage und führt Beinbewegungen aus. Die/

Der Unterrichtende geht neben ihm her, legt knapp oberhalb der Knie seinen Unterarm aufs Wasser und übt leichten Druck nach unten aus. Dadurch spürt der Übende eine Begrenzung der Aufwärtsbewegung seiner Beine. Durch dieses "Hindernis" wird der Bewegungsimpuls in die richtige "Richtung" umgeleitet. Unterstützung kann der sprachliche Hinweis geben: "Habe das Gefühl, daß deine Knie steif sind und spüre, daß sich deine Beine ganz im Wasser befinden." Für diese Korrekturaufgabe darf der Übende keine Schwimmflossen an den Füßen haben, weil er sonst dem Unterrichtenden davonschwimmen würde.

Vortriebserzeugung

Wird kein oder nur geringer Vortrieb durch die Beinbewegung erzeugt, weist dies auf eine falsche **räumlich-zeitlich-dynamische Bewegungsvorstellung / -struktur** hin. Die **taktil-kinästhetische Anpassung** an die Situation **stimmt** noch **nicht.** Dies kann nur beseitigt werden durch **viel Üben** (Motivationslage!) oder durch den **Einsatz** von **Schwimmflossen,** die hohe Reize

auf die entsprechenden Wahrnehmungssysteme erzeugen.

Einsatz von
Schwimmflossen

Gegen den Einsatz von Schwimmflossen ist nichts einzuwenden, vor
allem bei den zuvor beschriebenen
Schwierigkeiten. Es ist nur wichtig
zu beachten, daß dieses Hilfsmittel
nicht zu lange benutzt wird.
Das **Ziel** heißt: Guten Vortrieb durch
Wechselbeinbewegung ohne Hilfsmittel zu erzielen.

Die **Vorteile** von **Schwimmflossen**
sind darin zu sehen, daß ....

* sie eine höhere **Schwimmge-
  schwindigkeit** bereits zu Beginn des Lernprozesses bewirken, verbunden mit größerem
  dynamischem Auftrieb;

* sie sehr **intensive Reize** auf die
  **taktil-kinästhetischen Wahr-
  nehmungssysteme** bewirken,
  die helfen, die Bewegung "auf
  den richtigen Weg zu bringen";

* sie die Möglichkeit zum **varian-
  tenreicheren Üben** dieser
  Beinbewegung eröffnen;

* die für diese Bewegung **richtige Fußstellung** von ihnen er-
  zwungen wird.

Hinweis:

Bei der Verwendung von Schwimmflossen ist zu **beachten**, daß nicht in
derselben Schwimmstunde vom

Üben mit auf Üben ohne Schwimmflossen gewechselt werden darf.
Dies stellt beim Lernenden eine **sen-
somotorische Überforderung** dar.
Es handelt sich hierbei um sog. Kon-
trastschwimmen, das auf fortge-
schrittenem Leistungsniveau seinen
Platz im Rahmen der Koordinations-
schulung findet.

Schwimmbrett
und Pull-Buoy als Hilfsmittel

Unterstützende Hilfsmittel in den
Händen (Schwimmbrett, Pull-Buoy)
sind nur so lange anzubieten, wie sie
vom einzelnen auch wirklich benötigt
werden. Wer zuvor intensiv (und
variantenreich) Gleiten erfahren hat,
bedarf dieser Hilfsmittel meist schon
zu Beginn nicht mehr. Auf die richtige Handhabung der Hilfsmittel ist zu
achten (Hinweise im Praxisteil, Kapitel 10).

Grundlegende
Übungsformen. Beispiele:

* Sitzend am Beckenrand; mit
  den Händen auf einer Treppen-
  stufe stützend; sich an der Bekkenwand und Überlaufrinne
  festhalten oder von einem Partner durchs Wasser gezogen
  werden.
  Von diesen Aufgaben sollte nur
  eine als Einstieg ausgewählt
  werden. Bei intensiven Erfahrungen mit der Bewegungswelt
  Wasser und motorisch nicht
  auffälligen Kindern kann auf

diese Aufgabe auch verzichtet werden.

In Bauch- und Rückenlage

Die Wechselbeinbewegung wird von Anfang an **parallel** in **Bauch-** und **Rückenlage** vermittelt. Bei Erfahrungen mit nicht-stehtiefem Wasser können die Aufgaben auch in dieser Wassersituation organisiert werden.

Hinweise zur Bauchlage:

Die Arme sind nach vorne gestreckt, die Hände haben Kontakt zueinander, und die Oberarme berühren die Ohren. Das Gesicht liegt im Wasser mit Blick in Bewegungsrichtung. Es wird ins Wasser ausgeatmet.

Anfangs darf im flachen Wasser zum Einatmen hingestanden bzw. im nicht-stehtiefen Wasser in der Senkrechten mittels Ausgleichsbewegungen mehrmals eingeatmet werden. **Ziel** ist es, daß zum jeweils einmaligen Einatmen die Beinbewegung nicht mehr unterbrochen wird, sondern diese mit etwas geringerer Frequenz weitergeht.

Kinder mit Erfahrungen im **Brustschwimmen** neigen gerne dazu, die Einatmung durch eine Beinbewegung des Brustschwimmens zu unterstützen. Dies muß unbedingt korrigiert werden.

Hinweise zur Rückenlage:

Die Ohren befinden sich im Wasser; der Blick ist fußwärts zur Decke gerichtet. Der Körper ist gestreckt (kein Sitzen ins Wasser!), und die Arme liegen neben dem Körper. Die Beinbewegung erfolgt ganz im Wasser. Das Wasser darf nur wenig spritzen. Die Knie können kurzzeitig etwas aus dem Wasser kommen.

Bei **guter Vortriebserzeugung** werden die Arme hinter den Kopf gestreckt (kein gebeugter Ellbogen); die Oberarme berühren die Ohren, und die Hände haben Kontakt zueinander. Von den Schultern bis zu den Fingerspitzen sind alle Körperteile im Wasser (wichtig zur Sicherung bestmöglichen Auftriebes).

Sollen die Kinder später Rückenschwimmen lernen, kann folgende **Änderung** der beschriebenen **Körperhaltung** sinnvoll sein: Die Oberarme berühren die Ohren, und die Arme sind gestreckt. Die Hände haben keinen Kontakt zueinander, und die Handflächen zeigen nach außen (= Eintauchsituation der Hände beim Rückenschwimmen).

Mit Schwimmflossen sind die **hinter den Kopf gestreckten Arme** die **Zielform für alle.**

Ein hilfreicher **Zwischenschritt für manche Kinder** von der Position "Arme neben dem Körper" zu der Position "Arme hinter den Kopf gestreckt" sieht folgendermaßen aus: Die Hände werden ineinandergelegt, und der Hinterkopf liegt auf den Handflächen.

> **Ziel ist es, daß Kinder mit Wechselbeinbewegung ohne Hilfsmittel in Bauch- und Rückenlage problemlos eine Strecke von ca. 10 bis 15 m bewältigen.**

Weitere Möglichkeiten

Die nachfolgend aufgezeigten Aufgaben dürfen Kindern, deren Beinbewegung wenig Vortrieb erzeugt, nur über ganz kurze Strecken (ca. 3-6 m) bzw. Zeiten (ca. 3-5 Sekunden) angeboten werden. Mit Flossen können sie von allen, auch über längere Strecken, geschwommen werden.

- **Seitenlage**: Der dem Boden näherliegende Arm ist nach vorne gestreckt, der andere liegt am Körper an; seine Hand berührt den gleichseitigen Oberschenkel. Es ist darauf zu achten, daß die Seitenlage eingehalten wird. Diese Aufgabe ist auf der rechten und linken Seite liegend anzubieten.

- **In Bauchlage unter Wasser** mit nach vorne gestreckten Armen. Diese Aufgabe soll einen Beitrag leisten zur Intensivierung der Ausatmung und angepaßter Kopfhaltung.

- **In senkrechter Körperposition in nicht-stehtiefem Wasser** mit am Körper anliegenden Armen.

Erschwernis: Kurzzeitig mit dem Oberkörper aus dem Wasser kommen.

Weitere Erschwernis: Beide Arme dabei über den Kopf nehmen und dennoch kurzzeitig über Wasser bleiben.

Spielform: Durch Beinbewegung den Oberkörper möglichst weit aus dem Wasser heben; dann Körperspannung aufnehmen und möglichst senkrecht absinken. Das Absinken durch Ausatmen unterstützen. Mit intensiver Beinbewegung wie eine "Rakete" nach oben "schießen" und möglichst weit aus dem Wasser kommen.

Erweiterung dieser Aufgabe: Über Wasser nur einmal Luft holen und sofort wieder absinken. Wer bewältigt die Aufgabe 10x hintereinander ohne Atemprobleme?

Kinder mit keiner wirkungsvollen Beinbewegung dürfen diese Aufgaben nur mit Flossen angeboten bekommen, weil sie ohne dieses Hilfsmittel ihr Gesicht nicht aus dem Wasser bringen.

- Diese Aufgabe **nur mit Flossen** durchführen lassen. Paarweise hintereinander in Bauchlage liegen. Der hintenliegende B faßt seinen Vordermann A weit unten an dessen Unterschenkeln und schiebt ihn mittels Wechselbeinbewegung zum Ziel. A liegt die ganze Zeit in gestreckter Bauchlage und hält sein Gesicht ins Wasser. Nur zum Luftholen darf er sein Gesicht aus dem Wasser nehmen (Körperlage)! Zur Erleichterung kann A, falls Schwierigkeiten auftreten, ein Schwimmbrett in die Hände bekommen. Anschließend wird gewechselt.

Teilbewegung 2: Armbewegung ohne Einatmung

Wichtige Merkmale der Armbewegung:

Bei der Vermittlung der Armbewegung ohne Einatmung muß auf die wichtigsten sportmechanischen Merkmale hingearbeitet werden:

• Das **Gesicht** befindet sich **im Wasser** mit Blick in Schwimmrichtung. Es wird dabei intensiv **ins Wasser ausgeatmet** ("Blasen blubbern"). Muß vor Erreichen des Zieles eingeatmet werden, ist die Armbewegung unbedingt zu unterbrechen, mehrmals einzuatmen und dann der Rest der Strecke zu schwimmen. Dies ist konsequent einzuhalten, damit kein falsches "Einatemmuster" entsteht.

• Auf **"Abschlagschwimmen"** wird zunächst sehr **viel Gewicht gelegt**, weil dadurch eine ruhige, zunächst relativ gleichmäßige Armbewegung erzielt wird.

"Abschlagschwimmen" bedeutet: Ein Arm liegt nach vorne gestreckt im Wasser, während der andere seine Bewegung ausführt. Seine Hand legt sich auf die Hand des vor dem Kopf gestreckt liegenden Armes. Dann beginnt dieser Arm seine Bewegung.

Dieses "Abschlagschwimmen" ist deshalb notwendig, weil viele Ungeübte glauben, daß mit schnellen Bewegungen auch eine schnellere Fortbewegung im Wasser möglich ist. Da ihnen noch die dazu notwendigen taktil-kinästhetischen Erfahrungswerte fehlen, erzeugen sie mit diesen unangepaßten Bewegungen wenig Vortrieb. Sie weichen unbewußt dem Wasserwiderstand aus. Mit diesen unökonomischen Bewegungen verbrauchen sie viel Kraft; mit der Folge, daß sie bereits nach wenigen Metern erschöpft sind und die Bewegung abbrechen müssen. Intensives Abschlagschwimmen wirkt dem entgegen.

Im Laufe des Lernprozesses wird dieses "Abschlagen" abgebaut.

• Zeitlich später, wenn die Information verarbeitet werden kann ohne zuvor Gelerntes zu stören, wird auf die **körpernahe Armführung** in der **Überwasserphase** (sog. hoher Ellbogen) hingearbeitet. Diese Armführung ist aus sportmechanischer Sicht wichtig, weil Kraftwirkungen vermieden werden sollen, die den Körper aus seiner geradlinigen Fortbewegung bringen und kompensatorische Beinbewegungen (= "Überkreuzbeinschlag") zur Folge haben.

Die für Kinder **anschaulichste** und **"greifbarste" Information** lautet: "Wenn deine Hand den Oberschenkel erreicht hat, fahre mit deinem Daumen die ganze Körperseite entlang bis an die Achselhöhle."
Im Laufe des Lernprozesses, wenn diese Information "verinnerlicht" ist, kann auf die Körperberührung verzichtet werden. Die Armführung in der Rückholphase (Überwasserphase) ist dann körpernah und geradlinig nach vorne gerichtet, ohne daß die hohe Ellbogenführung verlorengeht.

• In der **Unterwasserphase** muß die **Hand unter** dem **Körper bleiben**, um bestmöglichen Vortrieb erzeugen zu können. Auf dieses Merkmal hin werden die Kinder einzeln beobachtet.

Wer dies nicht richtig macht, erhält, sofern vorhanden, eine Taucherbrille, mit dem Hinweis: "Beobachte deine Hände im Wasser. Sie müssen unter dir bleiben." Mit der Taucherbrille kann der Angesprochene die Bewegung seiner Hände gut beobachten und selbst kontrollieren. Stehen keine Taucherbrillen zur Verfügung, kann nur mit sprachlichen Hinweisen gearbeitet werden, die die Umsetzung weniger leicht ermöglichen.

• Der **lange Weg der Hand im Wasser** vom Ein- bis zum Austauchen sollte zur Vortriebserzeugung genutzt werden. Um dies leisten zu können, bedarf es jedoch ausreichender Kraft der entsprechenden Muskeln und -gruppen im Arm-Schulterbereich. Auch auf dieses Merkmal sind die Lernenden einzeln zu beobachten und ggf. zu korrigieren.

Methodische Vorgehensweise

Hinweise:

• **Alle** nachfolgend beschriebenen **Aufgaben** sind **im Wasser** und in Schwimmlage **durchzuführen**.

• Kinder mit **schlechter Schwimmlage** (= Absinken der Beine) benötigen einen **Pull-**

Buoy zwischen den Oberschenkeln als **Auftriebshilfe**.

- **Schwimmflossen** können eingesetzt werden, da sie für die Lernenden eine **erleichternde Lernsituation** schaffen. Es soll jedoch **keine aktive Beinbewegung** erfolgen. Durch Reaktionsbewegungen der Beine (auf die Aktion der Arme) erzeugen die großen Blätter der Flossen dynamischen Auf- und Vortrieb.

Lernschritte

- **Demonstration der Armbewegung im Wasser in Schwimmlage mit Fortbewegung ohne Einatmung und ohne Beinbewegung**

  Gezeigt werden muß "Abschlagschwimmen" und hohe Ellbogenführung über Wasser. Dieses Vorgehen ist, wie bereits auf S. 105 erwähnt, am wirkungsvollsten, da über die optische Wahrnehmung viele Informationen verarbeitet werden können.

  Nach der Demonstration kann die/der Unterrichtende im Gespräch überprüfen, was die Kinder gesehen haben. Falls erforderlich, werden sie auf die wichtigen zu beobachtenden Punkte hingewiesen. Es folgt danach eine zweite Demonstration. Wer dies nicht machen kann, weil kein "Demonstrationsobjekt" zur Verfügung steht, ist auf Sprache angewiesen. Dieser Weg ist schwieriger, weil Sprache nicht immer eindeutige Zuordnungen schafft.

- Nach der Demonstration erhalten die Kinder die **Bewegungsaufgabe**, das Gesehene selbst zu erproben.

- Die für die Armbewegung wichtigen Merkmale werden ihrer Bedeutung nach erarbeitet:

> **Abschlagschwimmen;**
>
> **Hohe Ellbogenführung in der Überwasserphase;**
>
> **Handbewegung unter Wasser bis zum Oberschenkel;**
>
> **Hände bleiben während der Unterwasserphase unter dem Körper.**

Bei all diesen Übungen sind die Kinder immer wieder ans Ausatmen ins Wasser zu erinnern. Zum Einatmen wird die Bewegung konsequent unterbrochen, und nach mehrmaligem Einatmen wird weitergeschwommen. Auf die richtige Wahl von Streckenlänge und Wiederholungszahl ist unbedingt zu achten.

Teilbewegung 3: Koppeln von Bein- und Armbewegung ohne Einatmung

Dieses Lernziel ist nur zu erreichen, wenn das Atemverhalten im Wasser ein ganz sicheres Niveau erreicht hat.

Die Koppelung von Bein- und Armbewegung soll jedes Kind aufgrund seiner Individualität selbst finden. Korrekturen sind nur vorzunehmen bei zu geringer oder überbetonter Beinbewegung. Verallgemeinernde Hinweise, wie z. B. Sechser-Beinbewegung, bezogen auf einen Armzyklus, sind zu unterlassen.

Wurden Bein- und Armbewegung durch entsprechende Übungshäufigkeit auf Automatisationsniveau gebracht, ergeben sich bei ihrem Zusammenkoppeln keine Schwierigkeiten.

Beim **Zusammenkoppeln beider Teilbewegungen** dürfen **keine Schwimmflossen** verwendet werden, da durch ihre hohe Vortriebserzeugung die Armbewegung unter Wasser in ihrer Wirkung vernachlässigt werden kann.

Teilbewegung 4: Einatmung mit Armbewegung

Auf die **erlernte Armbewegung** wird das noch **"unbekannte" Einatmen** zeitlich abgestimmt.

Wurde die Bedeutung des Atemverhaltens im Wasser vom Unterrichtenden erkannt und hat sie/er stetig darauf hingearbeitet, ergeben sich keine Probleme.

Bei Vernachlässigung des Atemverhaltens "bricht jetzt u. U. alles zusammen". Die Kinder bewältigen die gestellten Aufgaben nicht. Das Fehlende ist dringend nachzuholen.

Im häufig mangelhaften Atemverhalten liegt auch die Ursache für die unbegründete Aussage, daß mit Kraulschwimmen keine Ausdauerleistungen erreicht werden können!

Schwimmflossen erleichtern die **Verwirklichung** dieses Lernzieles **ganz erheblich.** Für diese Teilbewegung sind sie dringend anzuraten. Durch ihre gute Auf- und Vortriebserzeugung kann die Einatmung in der Schwimmlage und bei der Fortbewegung vermittelt werden.

Um diese Teilbewegung sicher erlernen zu können, ist darüber hinaus wichtig, daß die Kinder bereits beim Erlernen der Bein- und Armbewegung die **richtige Kopfhaltung** im Wasser erfahren haben. Eine falsche, meist zu tiefe Kopfhaltung (= Blick zum Beckenboden) erschwert jetzt das Freiwerden des Mundes zum Einatmen.

Kopf (und Oberkörper) dürfen **zum Einatmen nur zur Seite gedreht** werden (= Drehung um die Körperlängsachse). Der Hinweis an die Kinder lautet: "Beim Drehen des Kopfes spüren, daß das untenliegende Ohr im Wasser bleibt."

Beim Zurückdrehen des Kopfes nach dem Einatmen ist oft zu beobachten, daß dieser nach vorne angehoben wird (= Blick in Schwimmrichtung). Dies muß sofort korrigiert werden. Diese falsche Kopfbewegung schränkt die Bewegungsfähigkeit im Schultergelenk für die Armbewegung ein.

Methodische Reihung

*   **Beinbewegung in Bauchlage mit Schwimmflossen**

    Ein Arm liegt nach vorne gestreckt im Wasser und der andere befindet sich neben dem Körper. Nach rechts Einatmen heißt, der rechte Arm ist neben dem Körper, der linke nach vorne gestreckt. Beim Einatmen nach links ist die Armstellung genau umgekehrt.

    Anfangs wird zum Einatmen der ganze Körper um die Längsachse auf die Seite gedreht (Überbetonung) und dabei einmal eingeatmet. Nach der Einatmung erfolgt das Zurückdrehen des Körpers in Bauchlage.

Diese anfangs übertriebene Drehung um die Längsachse wird im Laufe des Lernprozesses abgebaut.

Die Kinder sollen das **Einatmen nach links und rechts erproben**, um ihre starke Atemseite zu finden.

Die **Länge** der **Schwimmstrekke** sollte so gewählt werden, daß anfangs drei- bis viermal eingeatmet werden kann. Dabei ist es sinnvoll, die Mindestzahl der Einatmungen für die Schwimmstrecke vorzugeben, denn Kinder haben oftmals den Ehrgeiz, mit möglichst wenig Einatmungen das Ziel zu erreichen. Dies widerspricht der Zielsetzung. Es muß ihnen u. U. der Sinn dieser Aufgabe erklärt werden.

Diese Aufgabe im nicht-stehtiefen Wasser durchzuführen hat den Vorteil, daß niemand zum Einatmen hinstehen kann.

Erweiterte Aufgabenstellung: Die nächste Einatmung erfolgt zur anderen Seite. Die dafür notwendige Änderung der Armstellung geschieht im Wasser.

*   **Kraularmbewegung mit Einatmung ohne / mit Schwimmflossen**

    Zunächst wird nur auf jede zweite Armbewegung der Einatemseite Luft geholt. Dadurch können die Kinder noch viel Luft ins Wasser ausatmen und sich relativ lange auf die nächste Einatmung kognitiv vorbereiten.

Ein **unterstützender**, zusätzlicher **Hinweis** kann heißen, durch das "Fenster" (zwischen Ober- und Unterarm) zu schauen oder die Hand oder den Unterarm anzuschauen.

Wenn die Aufgabe ohne Schwimmflossen durchgeführt wird, müssen Kinder mit ungünstiger Schwimmlage (= Absinken der Beine) einen **Pull-Buoy** als Auftriebshilfe zwischen die Oberschenkel bekommen.

Die Verwendung von **Flossen** mit der Vorgabe, keine aktiven Beinbewegungen zu machen, ist durchaus vertretbar, weil Flossen die Schwimmlage verbessern und die Bewältigung der Aufgabe erleichtern.

Koordinativ gute Kinder versuchen auch zur anderen Seite einzuatmen (keine Wechselatmung links-rechts). Es darf dabei jedoch nicht die Qualität der Armbewegung und Einatmung leiden. Ist dies der Fall, muß die Aufgabe zurückgenommen werden.

Diese Kinder können später auch einen Dreier-Atemrhythmus erproben.

Die **Zielform für alle** heißt: **Zweier-Atemrhythmus**, d. h.

es wird auf jede Armbewegung der Atemseite eingeatmet.

Kraulschwimmen

Die gelernten Teilbewegungen Beine, Arme und Einatmung werden zusammengekoppelt.

Es dürfen **keine Schwimmflossen** verwendet werden.

Anfangs kann wiederum nur auf jede zweite Armbewegung der Atemseite eingeatmet werden.

Die **Zielform** für alle heißt auch hier: **Zweier-Atemrhythmus**.

Koordinativ und **konditionell leistungsstarke Kinder** können versuchen, im Dreier-Atemrhythmus Luft zu holen, wenn sie dies bereits bei TB 4 (Einatmung) gelernt haben.

Raum für eigene, weitere Eintragungen

11.3. Rückenschwimmen

Rückenschwimmen ist eine **Wechselzugtechnik**, die viele strukturähnliche Merkmale wie Kraulschwimmen aufweist. Da die Rükkenlage im Wasser eine **ungünstigere Schwimmlage** ist als die Bauchlage - deutlich sichtbar beim ruhigen Liegen im Wasser in Bauch- und Rückenlage - bedarf es beim Rückenschwimmen mehr an Beinbewegung wie beim Kraulschwimmen.

Die **Armbewegung** ist gekennzeichnet durch eine nahezu ständige **180°- Phasenverschiebung**.

Der **Kopf** liegt beim Rückenschwimmen **ruhig im Wasser** mit Blick zur Decke in fußwärtiger Richtung. Er darf **in** die **Rollbewegung** des Körpers um die Längsachse **nicht miteinbezogen** werden. Diese Rollbewegung wird jedoch bei der Vermittlung des Rückenschwimmens zunächst außer acht gelassen, da die Gefahr des übertriebenen Rollens, mit ungünstiger Wirkung auf die Schwimmtechnik, groß ist. Auf fortgeschrittenerem Schwimmniveau wird sie dann allerdings wichtig.

Rückenschwimmen wird oftmals **als einfach zu lernende Schwimmtechnik beschrieben**, die vor allem **keine Atemprobleme** mache. Diese Zuschreibung ist aus drei Gründen **nicht richtig**:

1. Der **austauchende Arm** nimmt verhältnismäßig viel Wasser mit, das in der Überwasserphase abläuft und das der Schwimmer **bei richtiger Armführung über Wasser** ins Gesicht bekommt. Er muß damit zurechtkommen. Bei falscher, seitwärts vom Körper wegführender Armbewegung, bleibt das Gesicht von Wasser verschont. So aber sollen Kinder kein Rückenschwimmen lernen.

2. Ein **ganz wichtiger, erster methodischer Schritt** zum Erlernen der Armbewegung, das **"Abschlagschwimmen" hinter** dem **Kopf, bereitet Kindern** in der Umsetzung anfangs erhebliche **Schwierigkeiten**. Sie neigen viel eher dazu, eine Pause in der Armbewegung zu machen, wenn die Hand neben dem Oberschenkel liegt. Dies ist aber falsch und darf nicht zugelassen werden.

3. Der dritte Nachteil liegt in der **erschwerten Orientierung**, da der Schwimmende nicht sieht, wohin er schwimmt. Dazu bedarf es der Erfahrung, die sich erst nach und nach durch die Anwendung dieser Schwimmtechnik einstellt. Die Schwierigkeiten liegen besonders beim

Anschwimmen an die Beckenwand.

Für den **Lernprozeß** wird Rückenschwimmen **in Teilbewegungen
zergliedert**. Die Teilbewegungen

TB 1 und TB 2 (siehe folgende
Abbildung) sind austauschbar. Ob
TB 1 vor TB 2 vermittelt wird oder
umgekehrt, entscheidet die/der Unterrichtende.

TB 1: Beinbewegung identisch Kraulschwimmen	Vielseitig in **Bauch-, Rücken-, Seitenlage und der Senkrechten; mit und ohne Schwimmflossen.**
	1. **Abschlagschwimmen hinter dem Kopf;**
	2. **körpernahe Überwasserphase;**
	3. **Austauchen der Hand aus dem Wasser;**
	4. **Eintauchen der Hand aus dem Wasser;**
TB 2:	5. **den langen Weg der Hand im Wasser nutzen.**
Armbewegung	Die folgenden Punkte sind keine Inhalte mehr für den Schwimmunterricht mit Kindern im Grundschulalter.
	6. Abwärtsbewegung der Hand am Ende der Unterwasserphase;
	7. Rollbewegung um die Körperlängsachse, ohne daß sich der Kopf mitbewegt;
	8. richtige Zug- und Druckphase des Armes und der Hand im Wasser (äußerst schwierig).

Rückenschwimmen

Abb.14:
zeigt die Strukturierung des Lernprozesses zum Rückenschwimmen

Bemerkung:

Die **methodisch-organisatorischen Hinweise** auf den Seiten 109-110 zum Kraulschwimmen gelten auch für das Erlernen des Rückenschwimens.

Beinbewegung

Für die Beinbewegung gelten **dieselben Aussagen** und **Aufgabenstellungen** wie für die **Beinbewegung** des **Kraulschwimmens**. Die Wechselbeinbewegung hat somit Bezug zu zwei Schwimmtechniken.

Armbewegung

Die Lernenden müssen sich einen **gleichmäßigen Atemrhythmus** aneignen.

Werden **keine Schwimmflossen** als **Hilfsmittel eingesetzt** bzw. stehen sie nicht zur Verfügung, dann **erhalten Kinder mit schlechter Schwimmlage** (= Absinken der Beine) einen **Pull-Buoy** zwischen die Oberschenkel, um eine günstige Körperlage im Wasser zu erzielen.

Die Verwendung von Flossen ist anzuraten, da sie auch ohne aktive Beinbewegung dynamischen Auftrieb und Vortrieb erzeugen. Sie schaffen eine **lernerleichternde Situation**.

Lernschritte

• **Wichtigster Lernschritt** beim Vermitteln der Armbewegung ist das **"Abschlagschwimmen"**: Es liegt im Wechsel ein Arm gestreckt in Verlängerung der Schulter ganz im Wasser. Dabei ist darauf zu achten, daß der Oberarm des ruhig liegenden Armes das Ohr berührt - für Kinder eine gute taktile Selbstkontrolle. Sie sollen selbst spüren, daß sich die bewegte Hand im Wasser auf die ruhende legt. Erst dann beginnt der bislang ruhig liegende Arm seine Bewegung. Dieses **"Abschlagschwimmen"** ist, wie bereits erwähnt, von Kindern nicht leicht umzusetzen. Sie benötigen viel Zeit / Wiederholungen zur Verwirklichung dieser Aufgabe. Vergleichbar dem Kraulschwimmen wird "Abschlagschwimmen" später in eine gleichmäßige, ruhige Armbewegung übergeführt (auch hier gelten dieselben Begründungen wie für Kraulschwimmen).

• Als **nächstes** wird auf die **körpernahe Rückholphase** (= Überwasserphase) der Arme geachtet. Es genügt der Hinweis an die Lernenden: "Ihr sollt eure Arme über Wasser möglichst lange sehen und spüren, daß der Oberarm, der sich außerhalb des Wassers bewegt, das gleichseitige Ohr kurz berührt."

• Die **dritte** und **vierte Information** betrifft das **Aus-** bzw. **Eintauchen der Hände** aus dem bzw. ins Wasser.

Beim **Austauchen** der **Hand** kommt **zuerst** die **Daumenseite** aus dem **Wasser**.

Die **Hand taucht zuerst mit** der **Kleinfingerseite ins Wasser** ein.

Weiterführender Hinweis:

Mit den **koordinativ leistungsfähigen Kindern** kann - jedoch frühestens in Klassenstufe vier - u. U. ein weiteres Kriterium erarbeitet werden: der **letzte Bewegungsteil der Unterwasserphase**. Erreicht die Hand den Oberschenkel, wird sie so gedreht, daß die Handfläche zum Beckenboden zeigt und die Hand eine zum Beckenboden gerichtete Abwärtsbewegung von ca. 30 cm macht. Anschließend taucht die Hand aus dem Wasser.

Der geeignetste **methodische Weg** zum Erreichen dieser Bewegung ist der **Gleichzug beider Arme**, das sog. "Altdeutsche Rückenschwimmen"

Koppelung von Bein- und Armbewegung

Die **vergleichbaren Anmerkungen** zum **Kraulschwimmen** haben auch **für Rückenschwimmen Gültigkeit**. Zu intensive Beinbewegung muß vermindert werden, zu geringe Beinbewegung ist zu verstärken. Dies beobachtet die/der Unterrichtende bei jedem Kind. Dazu werden jedoch Erfahrungswerte benötigt.

Raum für eigene, weitere Eintragungen

11.4. Brustschwimmen

Auch Brustschwimmen muß, wie alle anderen Schwimmtechniken, durch seine Komplexität **in Teilbewegungen zergliedert** werden. Dies kann auf **drei Arten** geschehen, die gleichberechtigt nebeneinanderste-hen. Es gibt dabei keine stichhaltigen Gründe für die Bevorzugung des einen oder anderen methodischen Weges.

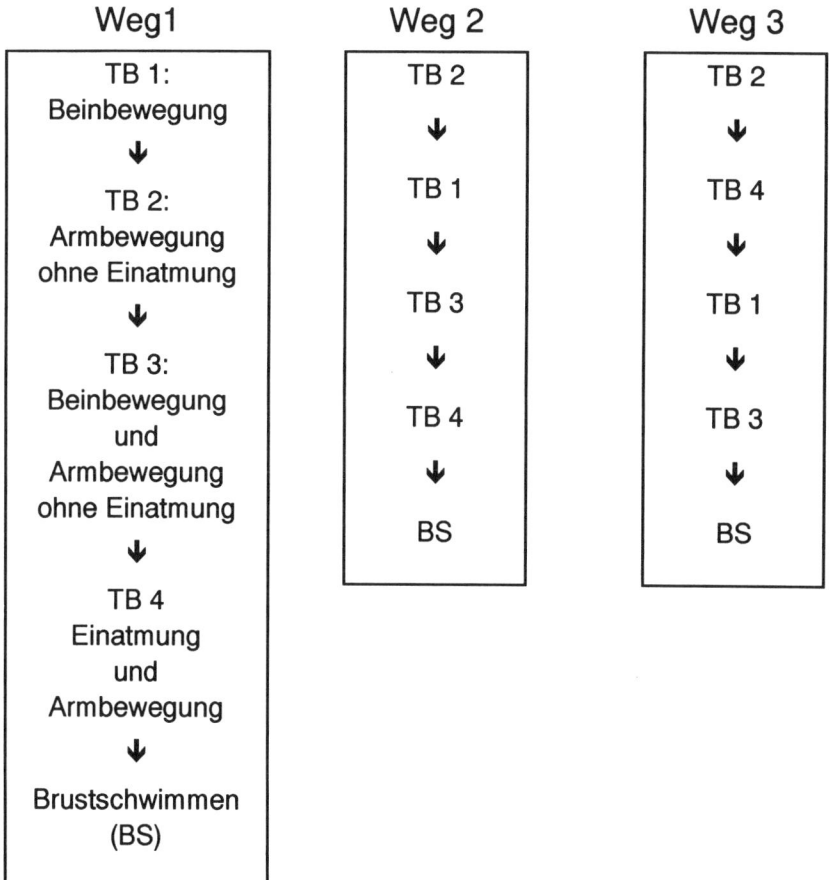

Abb. 15: Drei mögliche methodische Wege zum Brustschwimmen

Im Praxisteil, Kapitel 11.1 wurden bereits wichtige Bemerkungen zum Brustschwimmen gemacht. Viele für die Schwimmtechnik Kraulschwimmen gültigen Gesichtspunkte zum motorischen Lernen (vgl. Kapitel 11.2) gelten auch für das Brustschwimmen.

Davon ausgenommen ist die **Informationsvermittlung**. Das Sehen von Bewegung kann auch bei dieser Schwimmtechnik eine Rolle spielen, aber dem **Führen der Bewegung** durch die/den Unterrichtende(n) kommt die **gewichtigere Bedeutung** zu. Besonders beim Lernen der Beinbewegung muß dieses Führen in der Anfangsphase sehr intensiv durch die/den Unterrichtende(n) bei nahezu allen Kindern geleistet werden, damit sich keine Fehler entwickeln können, die später nicht mehr oder nur unter großen Anstrengungen zu beseitigen sind. Dies hat zur Folge, daß **Unterrichtende oftmals mit im Wasser sein müssen**.

Hinweise in schulischen **Erlassen** für den **Schwimmunterricht einiger Bundesländer** besagen, daß **Unterrichtende nur dann im Wasser sein dürfen, wenn die Schüler außerhalb des Wassers sind**. Am Beispiel Brustschwimmen wird deutlich, daß **derartige Verbote nicht sinnvoll** sind. **Wichtig** ist in einer solchen Situation, **durch Maßnahmen organisatorischer Art** die **Sicherheit aller Kinder** der Gruppe zu **gewährleisten**.

Für methodische Umsetzungen benötigen Unterrichtende eigenen Entscheidungsspielraum!

Der methodische Weg 1 zum Brustschwimmen
(vgl. Seite 127)

Teilbewegung 1: Beinbewegung

Die Beinbewegung zu vermitteln, bedarf, wie bereits erwähnt, anfangs intensiver **Bewegungsführung** im Wasser. Im Vergleich zum Kraulschwimmen reichen hier Bewegungsdemonstration und Sprache alleine nicht aus. Die Bewegung muß geführt werden! Dies kann nur die/der **Unterrichtende selbst** leisten. In Gruppenarbeit Kinder damit zu beauftragen macht keinen Sinn. Sie sind überfordert, und die Gefahr der Entwicklung fehlerhafter Bewegungen ist groß. Die Beinbewegung sollte von Beginn an **im Wasser in horizontaler Körperlage** vermittelt werden.

Die **Einführung** der **Beinbewegung** kann sowohl in **Bauch- oder Rückenlage** geschehen. Die Praxis zeigt immer wieder, daß Kinder in der Rückenlage besser zurechtkommen (dies läßt sich auch für die Wechselbeinbewegung beobachten). Bei **Einführung** der Beinbewegung **in Rückenlage** ergeben sich anschließend **keine Transferprobleme in** die **Bauchlage**.

Die Beinbewegung darf **nicht in enger Oberschenkelstellung** vermittelt werden, weil dadurch **Bänder** und **Menisken der Kniegelenke** stark beansprucht werden (UNGERECHTS, 1988). Bereits beim Beugen in Knie- und Hüftgelenken (Rückholphase der Beine) werden die Oberschenkel **wenigstens hüftbreit, besser** noch **weiter geöffnet**. Hier ist ein Kompromiß zwischen strömungsmechanischen und gesundheitlichen Gesichtspunkten zugunsten der letztgenannten einzugehen.

Im Leistungsbereich in Vereinen, die Schwimmsport treiben, vor allem bei Schwimmern mit der Haupttechnik Brustschwimmen, bekommt dieser Gesichtspunkt, bedingt durch die Trainingshäufigkeit, ein noch stärkeres Gewicht, da negative Wirkungen möglicherweise erst Jahre später in Erscheinung treten. Der Sport sollte es sich nicht erlauben, der Leistung wegen präventive Gesundheitsgesichtspunkte außen vor zu lassen.

Bereits bei der Bewegungsführung müssen Kinder erfahren, daß **nach Beendigung** der **Beinbewegung** eine **Gleitphase** einzuhalten ist. Diese Gleitphase sollte anfangs übertrieben lang sein und wird im Laufe des Lernfortschrittes verkürzt, jedoch nie ganz aufgegeben.

Übertrieben **lange Gleitphasen** sind ein **durchgängiges Prinzip beim Lernen fast aller Schwimmtechniken**. Dieses Prinzip hat jedoch keine Gültigkeit für die Wechsel- und Delphinbeinbewegung.

Bei allen **Aufgaben** in **Bauchlage** liegt das **Gesicht im Wasser** mit Blick in Schwimmrichtung, und es wird dabei **intensiv ausgeatmet** ("Blasen blubbern"). Zum Einatmen darf anfangs die Bewegung unterbrochen werden.

Ziel ist es, daß die Kinder lernen, ihre Beinbewegung auch während der Einatmung weiterzuführen.

Zu **vermeiden** ist, daß sich eine Asymmetrie in der Beinbewegung, eine sog. **"Schere"**, entwickelt, die gemäß den Wettkampfbestimmungen nicht zulässig ist.

Eine **"Schere"** kann folgende **Ursachen** haben:

- **Nachlässigkeit bei** der **Ver-mittlung** der Beinbewegung durch Unterrichtende, wie z. B.

  - • keine unterstützende **Bewe-gungsführung** in der ersten Lernphase;

  - • die Kinder während der Bein-bewegung den **Kopf zur Sei-te drehen** lassen, weil sie vermeiden wollen, daß sie Wasser ins Gesicht bekom-men. Ein Kind, das dieses Verhalten zeigt, hat noch Angst dem Wasser gegen-über. Es ist mit dem Lernen einer Schwimmtechnik zum augenblicklichen Zeitpunkt überfordert. Die viel wichti-gere Aufgabe heißt, diese Hemmungen oder Ängste ab-zubauen.

- **vorhandene Unsicherheit** oder **Angst** eines Kindes dem Was-ser gegenüber. Daraus resultiert das Bestreben, im flachen Was-ser stets **einen Fuß nahe** am **Boden** zu haben, um bei ver-meintlicher Gefahr schnell fe-sten Boden unter die Füße zu bekommen.

Für **Kinder mit Anomalien in** den **Hüftgelenken** oder **Problemen in** den **Kniegelenken** ist diese Bewe-gung der Beine kontraindiziert (= fehl am Platz). **Sie müssen** die **Wech-selbeinbewegung lernen.** Entwe-der wird bei ihnen ganz auf Brust-schwimmen verzichtet oder sie ler-nen die Mischtechnik Brustarmzug und Wechselbeinbewegung.

Das **Anziehen** der **Fußspitzen** in Richtung Schienbein während der Vortriebsphase (= Schwung über außen) sollte anfangs vernach-lässigt werden, da dies die Bewe-gungsführung erschwert bzw. Kinder die Beinbewegung bereits selbst ausführen können müssen. Die Er-fahrung lehrt, daß viele Kinder diese Fußstellung auch ohne einen Hin-weis richtig machen.

Kinder, die die gegenteilige Bewe-gung mit den Füßen ausführen (= Streckung der Füße), haben meist motorische Steuerungsprobleme. Der zeitliche Aufwand zur Korrektur dieser fehlerhaften Bewegung im schulischen Bereich ist meist sehr hoch. Für solche Kinder sind die Schwimmtechniken Kraul- oder/und Rückenschwimmen weit besser ge-eignet.

Hinweise zur Bewegungsführung in Rückenlage:

Die Beine werden an den Unter-schenkeln fußnah festgehalten und abwärts bewegt (= beugen in den Knien), mit gleichzeitigem Öffnen der Oberschenkel, bis diese die Senkrechte erreicht haben. Danach werden in einer kreisförmigen Bewe-gung über außen die Beine zur Streckung gebracht und geschlos-sen. Mit Beginn der kreisförmigen Bewegung sind bei richtiger Aus-führung die Fußspitzen in Richtung der Schienbeine angezogen. Dadurch wird die Bewegung äußerst vortriebswirksam. Dem Schließen und Strecken der Beine folgt eine lange Gleitphase, damit die Vortriebserzeugung intensiv wirksam werden kann.

Die methodischen Schritte

• Intensive **Bewegungsführung** in **Rücken- oder· Bauchlage** durch die/den Unterrichtende(n) an der Treppe; an der Überlaufrinne oder bei vorhandenem Hubboden im 30 cm tiefen Wasser mit Handstütz am Beckenboden. Wer eine breite Treppe, wie in vielen Lehrschwimmbecken meist vorhanden, zur Verfügung hat, sollte diese nutzen.

• **Beinbewegung in Rückenlage mit / ohne Schwimmbrett;** (entfällt, wenn mit der Bauchlage begonnen wird).

Auf die Handhabung des Schwimmbrettes wurde im Praxisteil Kapitel 10 eingegangen.

In Rückenlage dürfen beim Beugen der Knie diese kurzzeitig leicht aus dem Wasser schauen.

Ein für die Kinder ganz **wichtiger Hinweis** lautet: "Versucht, mit möglichst wenig Beinbewegungen das vorgegebene Ziel zu erreichen". Dies bewirkt,

daß nach Beendigung der Beinbewegung die gewünschte lange Gleitphase entsteht und der Krafteinsatz zeitlich-räumlich-dynamisch stetig verbessert wird.

Sind bei der Bewegungsausführung bei einzelnen Kindern **Fehler zu erkennen**, die z. B. in Richtung "Schere" tendieren, so muß sofort wieder **zur Bewegungsführung zurückgekehrt** werden.

• **Beinbewegung in Bauchlage mit / ohne Schwimmbrett;**

In Bauchlage befindet sich das Gesicht im Wasser und es wird intensiv ins Wasser ausgeatmet.

Beim Schwimmen ohne Brett sind die Arme nach vorne gestreckt und die Hände haben Kontakt zueinander.

Es ist darauf zu achten, daß die **Beugung in** den **Hüftgelenken nicht zu groß** wird. Ein Winkel von 90° zwischen Oberschenkel und Oberkörper erhöht den Strömungswiderstand ganz erheblich. Eine Hüftbeugung ist erforderlich, damit beim Anfersen der Beine Richtung Gesäß und mit Beginn der nachfolgenden vortriebserzeugenden Bewegungsphase die Füße vollständig im Wasser sind.

Auch in Bauchlage wird der Hinweis gegeben, mit möglichst

wenig Beinbewegungen das vorgegebene Ziel zu erreichen."

Teilbewegung 2: Armbewegung ohne Einatmung

Beim Vermitteln der Armbewegung sind folgende **Kriterien** in der dargestellten **Reihenfolge** (Gewichtung entsprechend ihrer Bedeutung) zu vermitteln:

1. **Kurze Armbewegung** nach hinten, die auf Schulterhöhe endet.

Dies läßt sich z. B. gut erreichen durch **Liegen** in **Bauchlage** auf dem **Beckenumgang** mit Blick zum Wasser. Kopf, Arme und Schultern befinden sich über dem Wasser. Die Beckenwand begrenzt die Armbewegung nach hinten und macht dem Lernenden den Umfang der Bewegung deutlich. Die günstigste Situation hierfür ist gegeben, wenn Beckenumgang und Wasseroberfläche gleiches Höhenniveau aufweisen.

Alternative Aufgabe: Üben in **3er(4er)-Gruppen** im Wasser mit Holzstäben, den Kunststoffrohren der Schwimmsprossen oder Leerrohren aus dem Baustoffhandel.
Zwei halten den Stab bzw. das Rohr am rechten und linken

Ende, und der dritte legt sich in gestreckter Bauchlage so über den Stab, daß dieser sich in Höhe der Achseln zwischen seinen Armen befindet. Er begrenzt dadurch die Armbewegung nach hinten.

Während des Übens ist das Gesicht im Wasser und es wird ins Wasser ausgeatmet. Zum Einatmen ist die Bewegung unbedingt zu unterbrechen. Darauf müssen Unterrichtende achten, damit kein falsches "Einatemmuster" entstehen kann. Zum Luftholen stellt sich der Übende hin, atmet mehrmals ein und wiederholt seine Aufgabe häufiger.

Kinder mit schlechter Körperlage im Wasser (= Absinken der Beine) nehmen einen Pull-Buoy zwischen die Oberschenkel.

• Als nächstes wird **in Schwimmlage** und **in Fortbewegung** geübt.

Kinder, deren Beine absinken, benötigen zur Verbesserung ihrer Körperlage einen Pull-Buoy als Auftriebshilfe zwischen ihren Oberschenkeln.

Die **günstigste Schwimmstrecke** zum Üben, auch für die nachfolgenden Aufgaben, liegt zwischen **6-10 m**.

Wer vor Erreichen des Zieles einatmen muß, unterbricht konsequent seine Armbewegung;

atmet einige Male ein und schwimmt den Rest der Strekke. Beim Üben im nicht-steh-tiefen Wasser - dies ist problemlos möglich, wenn Kinder bereits Erfahrung im nicht-steh-tiefen Wasser haben - werden zum Einatmen am Ort unterstützende Beinbewegungen gemacht.

Kinder, die ihre Armbewegung zu weit nach hinten ziehen, sind sofort zu korrigieren. Dies kann durch sprachliche Hinweise erfolgen; meist ist jedoch die zuvor beschriebene Aufgabe - auf dem Beckenrand liegend - zu wiederholen.

Die **weiteren wichtigen Bewegungskriterien** werden anschließend **in** der **dargestellten Reihenfolge** (Bedeutung) erarbeitet:

1. Lange **Gleitphase nach Beendigung** der **Armbewegung**. Die Arme bleiben relativ lange gestreckt liegen. Die Kinder können die zusätzliche Aufgabe erhalten, mit Beginn des Liegens der Arme, z. B. auf drei, zu zählen und erst dann die nächste Armbewegung zu beginnen. Diese lange Gleitphase ist für die Lernenden ganz wichtig, um sich einen ruhigen, möglichst effektiven Armzug zu erarbeiten (vgl. Anmerkungen zur Armbewegung des Kraul- und Rükkenschwimmens im Praxisteil,

Kapiteln 11.2 und 11.3). Im fortschreitenden Lernprozeß wird diese Gleitphase zurückgenommen, jedoch nie ganz aufgegeben.

2. Wenn die **Antriebsphase** der Armbewegung **beginnt** (nach Ende der Gleitphase), werden die **Handflächen** nach außen gedreht. Die **Bewegung** der **Arme** ist **seitwärts-abwärts** gerichtet.

3. Am **Ende** der **vortriebserzeugenden Phase** (= die Arme sind unter den Schultern bzw. dem Oberkörper) **berühren sich** die **Hände** und **halten** solange den **Kontakt**, **bis** die **Arme** nach vorne **gestreckt** sind.

In dieser Lernphase und in diesem Altersbereich spielen zwei Merkmale der Armbewegung überhaupt keine Rolle:

• die Stellung der Hände und Finger;

• das dynamische Unter-den-Körper-bringen der Arme (Gesetzmäßigkeit nach BERNOULLI).

Teilbewegung 3: Koppelung von Arm- und Beinbewegung ohne Einatmung

Das **Zusammenspiel beider Teilbewegungen** darf erst dann angegangen werden, wenn **jede Teilbewegung** durch viel Üben **Automatisationsniveau** (= freie Verfügbarkeit) erreicht hat (vgl. Hinweise im Praxisteil, Kapitel 11.1). Wenn dies im methodischen Vorgehen beachtet wird, ergeben sich in der Regel bei der Koppelung beider Teilbewegungen keine Probleme.

• Die Lernenden erhalten die **Aufgabe**, **Arme** und **Beine gemeinsam** zu **bewegen** und nach einer Gesamtbewegung eine relativ lange Gleitphase "einzulegen".

Die Schwimmstrecke sollte ca. 8-12 m betragen. Wenn vor dem Erreichen des Zieles eingeatmet werden muß, ist die Bewegung konsequent zu unterbrechen.

Die/Der **Unterrichtende beobachtet** jedes Kind während des Schwimmens. **Zeigen sich bei einzelnen Kindern Schwierigkeiten**, so ist zu überlegen, ob bei ihnen die **Automatisation** einer oder beider **Teilbewegungen** noch nicht erreicht worden ist. Dies läßt sich **überprüfen** durch **Schwimmen unter Zeitdruck**, d. h. der betreffende

Schüler muß eine vorgegebene Strecke mit jeweils einer Teilbewegung so schnell wie möglich zurücklegen. Stellt sich dabei heraus, daß eine oder gar beide Teilbewegungen nicht so gefestigt sind wie erforderlich - erkennbar an der Bewegungsqualität -, muß an der entsprechenden Teilbewegung "nachgearbeitet" werden.

Sind bei **Schwierigkeiten in der Koppelung beide Teilbewegungen in Ordnung**, können folgende **Zusatzaufgaben hilfreich** sein:

• **Drei Armbewegungen** (ohne Einatmung) - die Beine bleiben dabei gestreckt und ruhig - folgen **drei Beinbewegungen** - die Arme sind nach vorne gestreckt und ruhig. Dann folgen wiederum drei Armbewegungen usw. Zum mehrmaligen Einatmen wird die Bewegung konsequent unterbrochen und dann von Neuem begonnen.

• Die **Aufgabe** wird folgendermaßen **verändert**: auf **zwei Armbewegungen** folgen **zwei Beinbewegungen**. Danach werden wieder zwei Armbewegungen gemacht, gefolgt von zwei Beinbewegungen usw.

• Der nächste Schritt lautet: **eine Armbewegung**, gefolgt von einer **Gleitpause**, der sich dann **eine Beinbewegung anschließt**. Nach dem **Gleiten** beginnt die **nächste Armbewegung**, gefolgt von einer **Gleitpause** usw.

• Die letzte Aufgabe besteht darin, **einer Armbewegung** schnell **eine Beinbewegung folgen lassen** und danach lange zu **gleiten**. Dasselbe wird dann wiederholt usw.

Teilbewegung 4: Armbewegung mit Einatmung

Beim Erlernen dieser Teilbewegung kommt dem **Atemverhalten** eine **große Bedeutung** zu. Wurden die Kinder regelmäßig mit Atemverhalten im Wasser konfrontiert, ist eine gute Grundlage gelegt, um die nachfolgenden Aufgaben problemlos bewältigen zu können.

Haben jedoch Unterrichtende das Atemverhalten im Wasser als Lerninhalt vernachlässigt oder gänzlich übergangen, dann können die gestellten Aufgaben von den Kindern nicht umgesetzt werden, oder sie kompensieren, indem sie beim Schwimmen das Gesicht über Wasser halten. Dies darf aber keinesfalls zugelassen werden!

Die methodischen Schritte

• Die Lernenden **gehen durchs flache Wasser**, ihre Arme befinden sich neben oder hinter dem Körper. Sie haben ihr Gesicht im Wasser liegen und atmen ins Wasser aus. Zum Einatmen wird der Kopf nur so weit angehoben, daß der Mund gerade außerhalb des Wassers ist um einatmen zu können. Es darf dabei nur einmal eingeatmet werden, und danach muß das Gesicht sofort wieder ins Wasser genommen werden.

Zu vermeiden ist das Herausheben des Oberkörpers aus dem Wasser während der Einatmung.

• **Demonstration** der zeitlich richtigen Einatmung - abgestimmt auf die Armbewegung - durch langsames **Vorschwimmen**, verbunden mit langem Gleiten in gestreckter Körperposition.

Hinweis zur Einatmung:

Die Einatmung erfolgt, wenn die Arme auf dem Weg nach innen, zur Körpermittelachse hin, sind.

• **In Schwimmlage und in Fortbewegung Armbewegungen ohne Beinbewegung machen.**

Zunächst wird nur **auf jede dritte Armbewegung eingeatmet**.

Nach Beendigung jeder Armbewegung ist auf das Einhalten
der langen Gleitphase zu achten.

Hinweis:
Durch die verzögerte Einatmung
haben die Lernenden viel Zeit,
um genügend Luft ins Wasser
ausatmen zu können und sich
auf die nächste Einatmung kognitiv vorzubereiten.

Kinder mit ungünstiger Körperlage im Wasser (= Absinken der
Beine), bekommen einen Pull-
Buoy zwischen die Oberschenkel.

• Es wird auf **jede zweite Armbewegung eingeatmet.**

• Die **Zielform** heißt: **auf jede
Armbewegung einatmen.**

Hinweis:
Die Wettkampfbestimmungen zum
Brustschwimmen besagen, daß bei
jeder Armbewegung einzuatmen ist.
Davon ausgenommen ist der Tauch-
zug nach Start und Wende.

hen. Es wird auf jede dritte, dann auf
jede zweite Armbewegung eingeatmet.

Die **Zielform** heißt auch hier:
Einatmen auf jede Armbewegung.

Teilbewegung 5:
Brustschwimmen

Arm- und Beinbewegung sowie Einatmung werden miteinander gekoppelt.

Anfangs kann dies wiederum **mit
verminderter Einatmung** gesche-

Schlußbemerkung

Aus orthopädischer Sicht ist **Brustschwimmen** eine **äußerst ungünstige Schwimmtechnik**, weil

* Scherbelastungen mit starker Beanspruchung der Menisken und Bänder auf die Kniegelenke wirken,

* sie die Lordose der Lendenwirbelsäule verstärkt. Wenn nur mit "Gesicht über Wasser" geschwommen wird, nimmt die Lordosierung zu; Verspannungen von Muskeln und Muskelgruppen im Nacken-Schulterbereich sind unausweichlich.

Brustschwimmen ist als Fortbewegungstechnik im Wasser zur Gesundheitsprophylaxe untauglich.

Bewegung im Wasser wird als **gesund** eingestuft. Diese Tatsache ist bekannt und richtig, wenn geeignete Bewegungen zur Anwendung kommen.

* Durch den wirkenden Auftrieb und die horizontale Schwimmlage werden die Gelenke entlastet und zugleich unter erleichterten Bedingungen bewegt.

* Der ständige Kältereiz des Wassers bewirkt ein Training der Blutgefäße mit der Folge, daß der Körper "abgehärtet" wird und besser gegen Erkältungskrankheiten gefeit ist.

Deshalb gehen auch viele Erwachsene zurecht regelmäßig Schwimmen. Dabei bedienen sich jedoch fast alle des Brustschwimmens, weil sie keine andere Bewegungstechnik beherrschen. Die meisten führen diese dann auch noch so aus, daß ihr Gesicht ständig über Wasser bleibt. Damit wird dem eigentlichen Ziel des Schwimmbadbesuches kräftig entgegengewirkt. Hätten diese Erwachsenen eine Wechselzugtechnik oder die Armbewegung des Brustschwimmens, kombiniert mit Wechselbeinbewegung, gelernt, könnten sie im Alter Schwimmen in hervorragender Weise für die Erhaltung ihrer Gesundheit einsetzen!

Unter dieser Sichtweise ist **besonders gut** die **Rückenlage mit gerundetem Rücken geeignet**. Eine Wechselbeinbewegung mit unterstützenden, tellernden Armbewegungen neben dem Körper reicht für die Fortbewegung aus.

Müssen sich nicht unter diesem Blickwinkel Verantwortliche für den schulischen Schwimmunterricht Gedanken machen, die Technik des Brustschwimmens aus Bildungs- und Lehrplänen zu verbannen ?

Raum für eigene, weitere Eintragungen

Literatur

**BEIGEL-GUHL, Karen /
BRINCKMANN, Andreas**
Wassergymnastik
Rororo-Sport 8639
Hamburg 1989

BOLLNOW, Prof. Dr., O. F.
Übung als Weg des Menschen
in: Universitas - Zeitschrift für
Wissenschaft und Kunst; 8 (1974),
825-842

BREZINKA, Prof. Dr., Wolfgang
Erziehung in einer wertunsicheren
Gesellschaft
Ernst Reinhardt Verlag München /
Basel 1986

BREZINKA, Prof. Dr., Wolfgang,
Tüchtigkeit - Analyse und Bewertung
eines Erziehungszieles
Ernst Reinhardt Verlag München /
Basel 1987

**Bundesverband der Unfallver-
sicherungsträgert der öffentlichen
Hand -BAGUV-**
Sicherheitsregeln für Bäder
(GUV 18.14), Oktober 1984
Abt. Unfallverhütung und
Arbeitsmedizin
Marsstr. 46; 80335 München

GILDENHARD, Norbert
Vielseitiger Schwimmunterricht in
der Vorschule und Eingangsstufe
Hofmann-Verlag Schorndorf 1977

**GRAUMANN, Dieter / LOHMANN,
Holger / PFLESSER, Wolf**
Schwimmen in Schule und Verein
Pohl-Verlag Celle 1988

HAASE, Johannes
Spiele im, am, unter Wasser
Sport-Verlag Berlin 1991

HILDEBRANDT, Dr., Reiner
"Schwimmen lernen" als
Erschließung des Bewegungs-
raumes Wasser
in: sportunterricht 42 (1993), Heft 5,
S. 199 - 204

KLIMT, Prof. Dr. med., F.
Schulsportfreistellungen
in: Das öffentliche Gesundheits-
wesen 46 (1984) 9, S. 419-425
Georg Thieme Verlag Stuttgart -
New York

**JUNGMANN, H. / BLUNCK, S. /
STRUCKMANN, B.**
Untersuchungen zur Herztätigkeit
beim Unterwasserschwimmen
in: Deutsche Zeitschrift für
Sportmedizin 40 (1989), Nr. 7

LANG, Heinz
Spielen, Spiele, Spiel
Handreichungen für den Sport-
unterricht in der Grundschule
Hofmann-Verlag Schorndorf 1992

MERTENS, Krista
Zurück zur Natur - Das Wasser in
der Entwicklungsförderung
Verlag modernes lernen Dortmund
1988

**Ministerium für Kultus und Sport
Baden-Württemberg**
Kultus und Unterricht, Heft 6 vom
15. März 1993, S. 41 ff.

REISCHLE, Dr., Klaus
Biomechanik des Schwimmens
Sport Fahnemann Verlag Bockenem
1988
(Für Leser, die tiefer in die Materie
einsteigen wollen)

REISCHLE, Dr., Klaus
Besser Schwimmen - Technik,
Training
Sportinform Verlag Unterhaching
1988

UNGERECHTS, Dr., B.E.
Bestimmungen der Belastungen der
Kniegelenke beim Brustschwimmen
in: Deutsche Zeitschrift für Sportmedizin 39 (1988), Nr. 12

WILKE, Kurt (Hrsg.)
Schwimmsportpraxis
Rororo-Sport 8608
Rowohlt-Taschenbuchverlag
Hamburg 1988

**Württembergischer Gemeindeunfall-
Versicherungsverband**
Checklisten zur Sicherheit im
Sportunterricht 1990
Panormastr. 11; 70174 Stuttgart

Anhang

Zum Autor

Jahrgang 1947;

Studium an der Deutschen Sporthochschule Köln mit den Schwerpunkten Schwimmen und Behindertensport.

Diplomarbeit in Biomechanik des Schwimmens mit dem Thema: "Experimentelle Untersuchung zur induzierten Änderung des Wasserwiderstandes von Schwimmern durch gegenseitige Strömungsbeeinflussung".

Studium der Sonderpädagogik an der Pädagogischen Hochschule Rheinland in Köln.

Schriftliche Hausarbeit für die 1. Staatsprüfung mit dem Thema: "Die Bedeutung der stabilen statischen Körperlage im Wasser für die Methodik des Anfängerschwimmens bei verschiedenen Körperbehinderungen - Eine empirische Untersuchung".

Wissenschaftliche Tätigkeit am Institut für Rehabilitation und Behindertensport der Deutschen Sporthochschule Köln.

Seit 1979 Fachschulrat an der Staatlichen Sportakademie Ludwigsburg, zentraler Fortbildungsakademie des Landes Baden-Württemberg für den Schulsport.

Schwerpunkte: Schwimmunterricht für alle Schularten und Sport an Sonderschulen.

Im Rahmen des Deputates Unterrichtsverpflichtung an Schulen; derzeit an einer Schule für Sprachbehinderte.

25jährige Praxiserfahrungen in Schwimmvereinen als Übungsleiter und Trainer in den verschiedensten Bereichen: Vom Säuglingsschwimmen bis zum Leistungsbereich.

1983 Mitbegründer der Abt. Behindertensport in einem großen Sportverein mit mehr als 3 500 Mitgliedern, deren Anliegen integratives Sporttreiben Behinderter und Nichtbehinderter ist.

Fachwart für den Sport Geistigbehinderter im Württembergischen Versehrten-Sportverband.

Maßgeblich beteiligt an der Konzeption der Übungsleiter-S-Ausbildung "Sport mit Geistigbehinderten und Cerebralbewegungsgestörten", und als Referent in dieser Ausbildung tätig.

13jährige Tätigkeit an einer Beratungsstelle zur Frühförderung entwicklungsauffälliger und behinderter Kinder mit dem Schwerpunkt "Der Aufenthalt im Wasser als Beitrag zur positiven Beeinflussung der kindlichen Entwicklung".

In diesem Buch geht
es darum, Aussagen
zu machen zu Ver-
haltensweisen, die
für einen gut organi-
sierten und relativ
störungsfreien
Sportunterricht von
Bedeutung sind
(„Rezepte"), und
Vorschläge zur inhalt-
lichen Ausgestaltung
im Sinne eines
Fundamentums
aufzuzeigen. Das
Buch wendet sich an
diejenigen, die sich
„ihrer Sache nicht
ganz sicher sind", ihr
Repertoire erweitern
und damit eine Basis
für einen fundierten
Spielunterricht legen
wollen, und die wis-
sen wollen, welche
Schwerpunkte den
einzelnen Alters-
stufen zuzuordnen
sind.

1992. DIN A 5, 128 Seiten, ISBN 3-7780-3712-9
(Bestellnummer 3712)

Verlag Karl Hofmann · *D-73603 Schorndorf*
Postfach 1360 · Telefon (0 71 81) 4 02-0 · Telefax (0 71 81) 4 02-111

Walter Bucher (Red.)

1001 Spiel- und Übungsformen im Schwimmen

1980. DIN A 5 quer, 260 Seiten
ISBN 3-7780-6216-6
(Bestellnummer 6216)

Im Bereich des Schwimmens besteht ein großes Bedürfnis nach Spielideen, Spielformen und spielerischen Trainingsarten. Das vorliegende Sammelwerk versucht auf neuartige Weise Hinweise und Anregungen zu geben, um den Schwimmunterricht spielerisch zu gestalten.

Walter Bucher

Schwimmen — leistend spielen — spielend leisten

Der bekannte Herausgeber der Reihe „15 000 Spiel- und Übungsformen" vermittelt mit diesem Buch den Lehrern, Übungsleitern und Trainern vielfältige Anregungen zur praktischen Verwirklichung des Wechselverhältnisses von Spiel und Leistung im Schwimmunterricht.

1982. DIN A 5, 136 Seiten, ISBN 3-7780-9641-9 (Bestellnummer 9641)

Verlag Karl Hofmann · *D-73603 Schorndorf*
Postfach 1360 · Telefon (0 71 81) 4 02-0 · Telefax (0 71 81) 4 02-111